burda

Mixgetränke

Über 350 Rezeptideen
mit und ohne Alkohol

Pawlak

Lizenzausgabe 1989 für
Manfred Pawlak Verlagsgesellschaft mbH, Herrsching

Rezepte: burda-Kochstudio
Redaktion: Elisabeth Klapper
Fotos: Europa farbstudio
Umschlaggestaltung: Bine Cordes, Weyarn
Umschlagfoto: Studio Teubner, Füssen
Printed in Italy
by Arti Grafiche VINCENZO BONA s.p.a.
ISBN: 3-88199-492-0

Vorwort

Die Kunst des Mixens will gelernt sein. Dieses Buch hilft Ihnen, ein perfekter „Barman“ zu werden. Es muß nicht immer mit Alkohol gemixt werden. Die Möglichkeiten, schmackhafte Drinks zu machen, sind nahezu unbegrenzt. Ob Sommer oder Winter, festliche Einladung oder überraschender Besuch: Es gibt keine Jahreszeit und kaum eine Gelegenheit, bei der ein Mixgetränk – mit oder ohne Alkohol – nicht eine willkommene Erfrischung ist.

Der appetitanregende Aperitif vor dem Essen, der süße Longdrink nach einem Schlemmermahl, der leichte Cocktail bei der Einladung am Spätnachmittag, der „harte“ Drink für die Abendparty oder der vitaminreiche Gemüsesaft-cocktail am Vormittag, für jeden Typ gibt es eine Fülle köstlicher Rezepte. Auch ohne Alkohol können Sie Ihre Gäste verwöhnen und sich als routinierter Mixkünstler ins rechte Licht setzen. Köstliche Fruchtdrinks, Milchshakes, Eiscreme-Frappés und alkoholfreie Fruchtbowlen warten nur darauf, ausprobiert zu werden. Mit Obst- und Gemüsesäften, Milch und Joghurt lassen sich ungeahnte Köstlichkeiten mischen, die nicht nur auf die Linie Rücksicht nehmen, sondern obendrein vitaminreich sind.

Heiße alkoholische Getränke zum „Einheizen“ gibt's in solcher Vielfalt, daß Sie jeden Kälteeinbruch damit überstehen können.

Sie finden in diesem Buch mehr als 350 ausprobierte alkoholfreie, alkoholarme und alkoholische Mixrezepte. Über 70 Farbtafeln geben Ihnen bildliche Anregungen. Haben Sie sich nach intensivem Studium dieses Buches zum perfekten Amateur-Mixer entwickelt, sind Ihrer Fantasie, eigene Mischungen zu kreieren, keine Grenzen gesetzt.

Inhalt

Inhaltsverzeichnis aller Mixgetränke mit . . .

Obst oder Gemüse

Bowlen

Verschiedenes

Geräte, die Sie beim Mixen brauchen

(und was Sie als Ersatz nehmen können, wenn Sie sie nicht besitzen)

Der Shaker
oder Mixbecher ist dreiteilig. Er besteht aus dem hohen Becher, dem Siebeinsatz und dem festschließenden Deckel. Im Shaker werden vor allem Cocktails und fertige Drinks – meist über Eiswürfeln – geschüttelt.
Als Ersatz für den Shaker dient eine gut verschließbare Karaffe mit nicht zu kleiner Öffnung. Die Drinks werden durch ein Sieb eingegossen.

Im Mixglas
werden alle Drinks zubereitet, die nicht geschüttelt, sondern deren Zutaten durch Umrühren mit dem langen Barlöffel vermischt werden. Außerdem ist das Mixglas so groß, daß mehrere Portionen auf einmal zubereitet werden können. Die Öffnung ist weit genug, um das Barsieb einzusetzen. Praktisch sind Mixgläser mit einer Tülle zum Ausgießen. Ersatzweise kann jeder Krug verwendet werden.

Das Barsieb
(auch Strainer genannt) läßt sich mit dem umlaufenden Spiralrand im Mixglas festklemmen. So hält es beim Ausgießen des Getränks Eiswürfel und etwaiges Fruchtfleisch zurück.
Als Ersatz jedes feine Sieb.

Der Eisgreifer
öffnet und schließt sich durch Hebeldruck und transportiert das Eis sicher ins Glas. Als Ersatz gilt die altbewährte Eiszange.

Der Barlöffel
ist langstielig und eignet sich zum Rühren in hohen Gläsern oder im Mixglas. Anstelle eines Barlöffels können Sie auch jeden anderen langstieligen Löffel verwenden.

Der Meßbecher
(auch Jigger genannt) ist für 2 und 4 cl verwendbar. Haben Sie keinen, tut es auch ein Likörglas: 1 Likörglas = 2 cl.

Der Spritzflakon
ermöglicht Ihnen, das Getränk mit einem Spritzer einer besonders intensiv schmeckenden Zutat zu würzen. In Ermangelung eines Spritzflakons geben Sie 1–2 Tropfen aus der jeweiligen Flasche auf ein Löffelchen und erst dann zum Drink.

Korkenzieher, Flaschenöffner, Vielzweckzange
unentbehrliche Requisiten beim Öffnen von Flaschen aller Art und von Milchdosen.
Stroh- und Plastiksaughalme, Obstbesteck und Obstschneidemesser, Cocktailspießchen oder -spicker, eine Zitrussaftpresse und ein Abfalleimer vervollständigen Ihre Ausrüstung.

Apropos Hausbar
Ist keine vorhanden, genügt ein Servierwagen, auf dem Sie alle Utensilien verstauen und den Sie überall placieren können.

Alkoholischer Grundstock für die Hausbar
In die kleine Hausbar gehören: Weinbrand, Whisky, Vermouth rosso, Gin, Rum, Sekt, Grenadine-Sirup, Orangenlikör und Angostura.
Je nach Rezept brauchen Sie noch: Zitronen, Orangen, Grapefruits, Eier, Puderzucker, süße Sahne, Zimt, Nelken, Honig, Muskat, Cocktail- und Maraschinokirschen, Oliven, Silberzwiebeln, Mineralwasser.

Was ist was in der Mixologie?

Cocktails
sind leichte Drinks. Sie werden mit verschiedenen Spirituosen und Sirupen gemixt.

Cobbler
sind alkoholarme, leichte Erfrischungsgetränke mit kleingestoßenem Eis, Früchten und einem Schuß Alkohol, in hohen Gläsern mit Strohhalm und Barlöffel serviert.

Fizz
ein leichter, mit wenig Alkohol, Soda und Zitronensaft gemixter Drink.

Flips
sind nahrhafte, leicht bekömmliche Getränke, auf Eigelb-, Zucker- und Alkoholbasis, im Stengelglas mit Strohhalm zu servieren. Sofort trinken, da sich die Bestandteile schnell absetzen.

Punsch
Der Name kommt aus dem Indischen und bedeutet fünf. Fünf Zutaten gehören zu einem Punsch: Branntwein, Zucker, Zitronensaft, Gewürze und Tee. Als Spirituosen können Rum, Arrak, Gin, Whisky und Cognac, als Gewürze Nelken und Zimt verwendet werden. Letztere läßt man bei der Teebereitung mitziehen.

Grog
Beim Grog werden Rum, Arrak, Cognac, Whisky, Gin oder Kirschwasser mit Zitronensaft, Zucker und Gewürzen sowie mit frischem Mineralwasser bis zum Siedepunkt erhitzt.

Kalorien auf einen Blick

Obst, Gemüse	Kalorien
Ananas, frisch (100 g)	57
Ananas, Dose (100 g)	95
Apfelsinen, ohne Schale (100 g)	54
Aprikosen, ohne Stein (100 g)	54
Aprikosen, Dose (100 g)	93
Avocados (100 g)	240
Bananen, ohne Schale (100 g)	90
Birnen, frisch (100 g)	59
Birnen, Dose (100 g)	72
Brombeeren (100 g)	48
Erdbeeren (100 g)	39
Heidelbeeren (100 g)	60
Himbeeren (100 g)	40
Johannisbeeren, rot (100 g)	37
Johannisbeeren, schwarz (100 g)	46
Kirschen, ohne Stein (100 g)	64
Kirschen, Dose (100 g)	80
Mandarinen, frisch (100 g)	36
Mandarinen, Dose (100 g)	87
Melonen (100 g)	26
Pfirsiche, frisch (100 g)	46
Pfirsiche, Dose (100 g)	79
Gurken (100 g)	10
Möhren (100 g)	35
Sellerie (100 g)	38
Spinat (100 g)	23
Tomatensaft (0,2 l)	40
Milch, Milchprodukte, Eier	
Trinkmilch (1/4 l)	152
Schlagsahne (1/8 l)	377
Speisequark, mager (100 g)	72
Speisequark, 40 % Fett i. Tr. (100 g)	158
Joghurt aus Trinkmilch (100 g)	78
Süßspeisen, Nüsse, Eis	
Honig (1 Eßl.)	60
Schokolade (100 g)	563

Zucker (100 g)	394
Zucker (1 Eßl.)	60
Haselnüsse (100 g)	690
Mandeln (100 g)	650
Walnüsse (100 g)	705
Fruchteis (100 g)	138
Fruchteis (1 Kugel)	35
Milchspeiseeis (100 g)	128
Milchspeiseeis (1 Kugel)	30

Getränke

Apfelsaft (1/8 l)	60
Orangensaft (0,2 l)	90
Fruchtsirup (1/8 l)	338
Johannisbeersaft, rot (1/8 l)	60
Zitronensaft (1/8 l)	30
Traubensaft (1/8 l)	90
Sanddornsaft (1/8 l)	32
Limonade (0,2 l)	65
Fruchtliköre (2 cl)	85
Cointreau (2 cl)	85
Curaçao (2 cl)	80
Eierlikör (2 cl)	35
Sherry Brandy (2 cl)	55
Pfefferminzlikör (2 cl)	72
Ginger Ale (0,2 l)	56
Himbeergeist (2 cl)	47
Kirschwasser (2 cl)	67
Sekt, süß, (0,1 l)	154
Sekt, trocken (0,1 l)	120
Weinbrand (2 cl)	44
Wermut, süß (5 cl)	85
Wermut, trocken (5 cl)	57
Weißwein (1/8 l)	80
Rotwein (1/8 l)	90
Madeira (5 cl)	60
Portwein (5 cl)	70
Sherry (5 cl)	55
Gin (2 cl)	50
Rum (2 cl)	70
Whisky (4 cl)	100
Wodka (2 cl)	50
Bier (0,2 l)	115

Mangari-Mix (A1)

In einen Tumbler:

1–2 Eiswürfel, 3 Likörgläser Mangari, 2 Spritzer Angostura Bitter und 1/2 Weinglas Apfelsaft geben. Mit einem Löffel umrühren.
Mit 2 gefüllten Oliven garnieren.
Glasrand mit 1 Zitronenscheibe bestecken.

Ananas-Mangari (A2)

In einen Mixer:

1 Scheibe Ananas, 2 Eßlöffel Ananassaft und 1/2 Weinglas Mangari geben. Gut mixen.
In ein mittelhohes Glas 1–2 Eiswürfel geben, mit Mangari-Ananas-Mischung auffüllen. Etwas Ginger Ale und 2 Spritzer Angostura dazugeben.
Sofort servieren.

Red Pineapple (B1)

In einem Mixer:

2 Scheiben Ananas, 1/2 Weinglas Ananassaft, 1 Becher Joghurt, 1/2 Becher süße Sahne, 1 Eigelb und 2 Eßlöffel Grenadine-Sirup 15 Sekunden lang gut mischen.
In 4 Gläser je 1 Eiswürfel, 1 Spritzer Angostura und Saft von 1/4 Zitrone geben; roten Ananassaft darübergießen. In jedes Glas eine Zimtstange zum Umrühren geben. Gekühlt servieren.

Silver Pineapple (B2)

In einem Mixer:

2 Scheiben Ananas, 1/2 Weinglas Ananassaft, 1 Weinglas Apfelsaft, Saft von 2 Zitronen und 1 Eiweiß 15 Sekunden auf höchster Stufe mixen.
In 4 Gläser je 1 Eiswürfel und 1 Spritzer Angostura Bitter geben und mit dem Ananasschaum auffüllen. Mit etwas Zimt bestäuben.

1
2
A

B
1
2

A

B

C

Alkoholfreie Orangenbowle (A)

In ein Bowlengefäß oder in einen Saftkrug:

1 1/2 l frisch gepreßten Orangensaft, 2 Dosen Zitronensaft, 1/2 l Ananassaft und 2 Schalen Eiswürfel geben. Mit 4 Flaschen Ginger Ale auffüllen. Nach Wunsch mit Orangensirup süßen. Gläser mit je 1 Orangenscheibe bestecken.

Ananas-Erdbeer-Bowle (B)

In ein Bowlengefäß:

1 frische, geschälte, in Würfel geschnittene Ananas, 1 Päckchen (250 g) gefrostete Erdbeeren, 1/2 Tasse Zitronensaft und 1 l Apfelwein geben. 2 Stunden zugedeckt kalt stellen. Danach noch 1 l Apfelwein und 1/2 l Mineralwasser dazugießen. In Gläser füllen. Gläser mit einer Zitronenspirale garnieren.

Kinder-Geburtstags-Bowle (C)

In ein Bowlengefäß:

500 g gewürfelte Kompottfrüchte und 1/2 Tasse Zitronensaft geben. Darüber einen Kuchendraht oder die Zange von einer Feuerzangenbowle mit einem Zuckerhut legen. Zuckerhut mit rotem Johannisbeersaft übergießen, bis der Zucker in das Bowlengefäß getropft ist. 2 Flaschen Mineralwasser und 1 Flasche Apfelsaft zugießen.

Fruchtiger Teepunsch

In einen Glaskrug:

1/4 l kalten, starken schwarzen Tee, Saft von 3 Orangen und 1 Zitrone, 1/8 l Himbeersirup und 1 Eßlöffel Zucker geben. Gut umrühren. 8 Eiswürfel hineingeben und 1/2 Flasche Mineralwasser dazugießen. Nach Wunsch noch 1/4 l Ananassaft oder 1/2 Dose kleingehackte Ananasstücke hineingeben.

Cola Menthe (A)

In ein hohes Glas:

2 Eiswürfel, Saft von 1/4 Zitrone und 1 Likörglas Pfefferminzlikör geben. Mit langem Löffel umrühren, mit Cola auffüllen.
Mit Zitronenscheiben und Pfefferminzblättchen garnieren. Strohhalm dazu reichen.

Pineapple Cola (B)

In ein hohes Glas:

2 Eiswürfel, 2 Eßlöffel gewürfelte oder 2 Streifen frisch geschnittene Ananas, 2 Eßlöffel Ananassaft, Saft von 1/2 Zitrone und 1 Likörglas Rum geben. Umrühren. Mit Cola auffüllen.
Strohhalm und langen Löffel dazu reichen.

Cola Kirsch C)

In ein hohes, eisgekühltes Glas:

2 Kugeln Vanilleeis, 1/2 Weinglas Sauerkirschsaft und 1 Likörglas Kirschwasser geben. Mit Cola auffüllen. Nicht rühren! Mit je 1 Maraschinokirsche garnieren.
Mit langem Löffel und Strohhalm servieren.

Black Pear

Im Mixer:

375 g gewaschene, entstielte schwarze Johannisbeeren und 375 g geschälte, entkernte Birnen pürieren. Mit 1 schwach gehäuften Eßlöffel Puderzucker und 1/2 Teelöffel Ingwerpulver abschmecken. In Gläser verteilen. Mit Mineralwasser auffüllen. 1 Eiweiß mit 1 Prise Salz steifschlagen, 1 Eßlöffel Zucker unterschlagen. Über den Drink geben. Oder: 1/8 l süße Sahne mit 1 Eßlöffel Zucker zu steifer Sahne schlagen.
Rezept ergibt 4 Gläser.

A

A

B

C

Eis-Tee (A)

Für etwa 4 Gläser:

6 Teebeutel oder 2 gestrichene Eßlöffel schwarzen Tee oder 4 gehäufte Teelöffel Nestea mit $^1/_2$ l kochendem Wasser übergießen und zugedeckt 5 Minuten ziehen lassen. Gläser mit Eiswürfeln füllen, den Tee heiß darübergießen.
Mit Zitronenscheibe servieren.

Eis-Butte (B)

Für etwa 8 Gläser:

4 Aufgußbeutel Hagebuttentee mit $^1/_2$ l kochendem Wasser überbrühen und 5 Minuten ziehen lassen. 1 Tasse Zucker, Saft von 2 Zitronen (durchgeseiht!), $^1/_3$ Tasse Wasser und Kardamom oder Ingwerpulver zusammen 5 Minuten kochen, zum Tee gießen und das Getränk erkalten lassen. $^1/_2$ l Weißwein und 1 Schuß Ebereschenlikör dazugießen. In jedes Glas zwei Eiswürfel geben, zur Hälfte mit Tee füllen und mit Ginger Ale oder Zitronenlimonade auffüllen. Wer mag, spritzt mit etwas Rum.

Rum-Malve (C)

Für etwa 6 Gläser:

7 Aufgußbeutel Malventee mit 1 l kochendem Wasser überbrühen. Etwa 1 Tasse Wasser und 2 Aufgußbeutel Glühfix in einem Töpfchen 1 Minute kochen und die Gewürzbeutelchen wieder herausnehmen. 1 Tasse Zucker hineinstreuen und noch 3 Minuten kochen. Gewürzsirup und Malventee (ohne Aufgußbeutel!) zusammengießen und abkühlen lassen. 1 Weinglas Rum dazugießen. Gläser zur Hälfte mit Eiswürfeln füllen und mit „Rum-Malve" auffüllen.
Gläser mit Zitronenspirale garnieren. Mit Strohhalm servieren.

Karotten-Sauerkraut-Saft

Im Entsafter:

1 Handvoll frisches oder Sauerkraut aus der Dose und 3 große, gebürstete Möhren entsaften. Saft in kleine Gläser füllen. Mit geschnittenem Schnittlauch bestreuen.
Sofort servieren: Langes Stehenlassen schadet den Vitaminen; ihre Menge verringert sich schon nach kurzer Zeit.

Gespritzter Frucht- oder Gemüse-Mix

In ein hohes Glas:

1/8 l Tomatensaft und 3 Likörgläser Apfelsaft; oder 2 Likörgläser Pflaumensaft und 1 Likörglas Sanddornsirup; oder 2 Likörgläser Möhrensaft und 1 Likörglas Hagebuttensirup geben. Nach Geschmack noch 1 Likörglas Zitronen- oder Orangensaft zugeben. Mit gekühltem Coca-Cola auffüllen. Mit 1–2 Eiswürfeln servieren.

Grapefruit-Mix

Im Mixer:

1/2 l Grapefruitsaft, 3 Eßlöffel Kirschwasser, 3–4 Eßlöffel Traubenzucker und 4 Eßlöffel Cherry Brandy gut vermischen. In Gläser gießen. Mit Eisstückchen servieren.

Gurken-Cocktail

Im Entsafter:

1/2 gewaschene Salatgurke entsaften. Gurkensaft mit Salz, 1 Prise Fondor und gehacktem Dill abschmecken. Nach Belieben noch Zitronen- oder Apfelsaft zufügen. In Gläser verteilen und je nach Geschmack nachwürzen.
Ein erfrischendes Getränk als Auftakt zu einem leichten, sommerlichen Essen.

Crusta-Tee-Drink

In einem feuerfesten Glas:

1 Eßlöffel Darjeelingtee mit wenig Wasser aufbrühen. Diesen Extrakt mit 1 gehäuften Eßlöffel Zucker süßen und erkalten lassen. Den Rand eines hohen Glases mit Zitronensaft anfeuchten. Rand in Zucker tauchen. Zucker antrocknen lassen. Einige Eiswürfel und zerkleinerte Maraschinokirschen ins Glas geben. Mit dem Tee-Extrakt auffüllen und 2 Teelöffel Cognac zufügen. Mit 1 Zitronenscheibe garnieren.

Sanddorn-Orange-Refresher

In ein hohes Glas:

2 Eiswürfel, 1 Zitronenscheibe und 1 Maraschinokirsche geben. Mit Sanddorn-Orange auffüllen und mit Pfefferminzblättchen garnieren. Sanddorn-Orange gibt's im Reformhaus.

Rhabarber-Drink

Im Entsafter:

einige Stangen Rhabarber entsaften. Soviel Joghurt wie Saft, 1 Teelöffel Sanddornsaft und 1 Päckchen Vanillinzucker drunterrühren und in ein Glas gießen. Mit blättrig geschnittenen Haselnüssen bestreuen. Oder mit 1 aufgespießten schwarzen Olive garnieren.

Himbeer-Zitrone

Im Entsafter:

500 g Himbeeren entsaften. 2 Gläser Apfelsaft, 1 Glas Zitronenlimonade, 4 Eiswürfel, den Saft von 1 Zitrone, 3 Likörgläser weißen Rum und Zucker nach Geschmack zufügen. In Gläser gießen. Mit schönen großen Himbeeren garnieren. Sie können auch tiefgefrorene Himbeeren nehmen. Rezept ergibt 4 Gläser.

Gurken-Dill-Saft (A)

Im Entsafter:

$^1/_2$ gebürstete und entkernte Salatgurke entsaften. Saft mit je 1 Prise Zucker und Salz würzen und mit feingeschnittenem Dill vermischen.
In Gläser füllen und mit feingeschnittenen Radieschenscheiben garnieren.
Mit Strohhalm servieren.

Ananas-Sellerie-Saft (B)

Im Entsafter:

$^1/_2$ Sellerieknolle, $^1/_2$ Zitrone und $^1/_2$ Ananasfrucht entsaften. Saft in Gläser füllen und mit frischen Pfefferminzblättchen garnieren.
Statt frischer Ananas kann auch Ananassaft aus der Dose genommen werden.

Sellerie-Orangen-Cocktail (C)

Im Entsafter:

6 geschälte, geviertelte Orangen und $^1/_4$ in Streifen geschnittene Sellerieknolle entsaften. Saft in 4 Gläser geben, mit 1 Teelöffel Weizenkeimen (aus dem Reformhaus) bestreuen.
Wer keinen Entsafter hat: Orangen halbieren, auspressen. Sellerie fein reiben, im Tuch auspressen und beides mischen.

Amerikanischer Sellerie-Drink

Im Entsafter:

$^1/_2$ Sellerieknolle entsaften. Saft mit Selleriesalz, etwas Zitronensaft und 2 Eidottern verquirlen. Mit $^1/_4$ l Milch auffüllen. In kleine Gläser verteilen. Mit geschnittenem Schnittlauch bestreuen. Mit Eiswürfeln servieren.
Tip: Schnittlauch brauchen Sie nicht nur zum Würzen von Drinks, sondern fast täglich beim Kochen. Ziehen Sie ihn griffbereit im Blumentopf auf der Fensterbank.

A

B

C

A
B
C

Apfel-Kohlrabi-Saft (A)

Von 2 schönen, gewaschenen Äpfeln die Deckel abschneiden. Äpfel möglichst dünnwandig aushöhlen. Fruchtfleisch und 1 weiteren ganzen Apfel, 1 kleine geschälte Kohlrübe und junges Kohlrabikraut entsaften. Den Saft in die ausgehöhlten Äpfel füllen und mit Kohlrabiblättchen garnieren. Gekühlt servieren.

Apfel-Heidelbeer-Saft (B)

Im Entsafter:

4 Äpfel mit 2 Eßlöffel frischen Heidelbeeren oder aufgetauten, tiefgefrorenen Heidelbeeren entsaften. Saft in Gläser füllen.
An jedes Glas ein Zitronenachtel stecken, mit dem der Saft nach Belieben gesäuert wird.

Karotten-Spinat-Saft (C)

Im Entsafter:

4 große, gebürstete Karotten und 1 Handvoll gewaschenen, abgetropften Spinat entsaften.
Saft in Gläser füllen und in jedes Glas einige kleine Zuckererbsen geben.

Karotten-Flip

In einen Mixer:

$^1/_4$ l frisch gepreßten Möhrensaft, 1 Becher Joghurt natur, 1 Ei, etwas Salz, 1–2 Teelöffel Zucker, etwas Zitronensaft und Muskat geben.
Gut mixen. In gekühlten Kelchgläsern servieren.

Apfelblut

Ein Glas:

zu $^3/_4$ mit Apfelsaft füllen. Den Saft 1 Blutorange hineingeben. Etwas Zitronensaft und einige Stückchen weißen Kandiszucker zufügen.

Mandel-Pfirsich-Drink

Im Mixer:

1/2 Dose Pfirsiche oder 1/2 l Pfirsichsaft, 3 Eßlöffel Zitronensaft, 2 Eßlöffel Puderzucker, 2 Eßlöffel geschälte Mandeln fein zerkleinern. In Gläser verteilen. Etwas Zitronenlimonade dazugießen. Rezept ergibt 4 Gläser.

Florida-Bowle

In einen Glaskrug:

3 Dosen tiefgekühlten Orangensaft, den durchgeseihten Saft von 6 Zitronen, 2 Teelöffel Angostura Bitter, 2 Weingläser Grenadine und 1–1 1/2 l Mineralwasser geben.
Tip: Wenn Sie die Bowle mit frischem Orangensaft machen, brauchen Sie reichlich 1 l Saft. Den Saft durchgeseiht verwenden und zum Auffüllen nur die Hälfte Mineralwasser nehmen.
Rezept ergibt 12–16 Gläser.

Cola „Mandarin"

In ein hohes Glas:

Saft von 2 Mandarinen und 1 Zitrone, 1 Eiswürfel und 1 Spritzer Gin geben. Mit eiskaltem Coca-Cola auffüllen.

Chlorophyll-Joghurt

Im Entsafter:

1 Handvoll gewaschenen Spinat entsaften. Saft mit Zitronensaft und Zucker abschmecken.
In ein hohes Glas abwechselnd löffelweise Joghurt natur und Spinatsaft einfüllen. Das Glas soll grünweiß-meliert aussehen. Mit 1 Kirsche und 1 Stück Orangenscheibe garnieren.

Bloody Mary

In ein hohes Glas:

1 Likörglas Wodka, 1 Südweinglas Tomatensaft, 1 Tropfen Tabasco, 1 Löffelspitze getrockneten Dill und 1 Prise Salz geben. 1 Eiswürfel zufügen und zuletzt etwas frisch gemahlenen schwarzen Pfeffer darübergeben.

Cardinal Punch

In ein hohes Glas:

$^1/_8$ l schwarzen Johannisbeersaft, den Saft von $^1/_2$ Zitrone und von 1 Orange und 2 Eiswürfel geben. Mit Ginger Ale oder Zitronenlimonade auffüllen. Mit Strohhalm servieren.

Florida

In einen Shaker:

Saft von 1 Zitrone und 1 Orange, 1 Schuß Grenadine und Eiswürfel geben. Gut schütteln. In ein Glas seihen. Mit 1 Cocktailkirsche garnieren.

Red Apple

Im Mixer:

750 g gewaschene, entstielte rote Johannisbeeren pürieren und durch ein Sieb streichen. Den Saft mit 1 gehäuften Eßlöffel Trauben- oder Puderzucker und 2 Gläser Apfelsaft druntermischen. Saft in 4 Gläser gießen. Je 1 Eiswürfel hineingeben. Mit etwas Zimt bestäuben.

Curry-Gemüsesaft

Im Entsafter:

4 Möhren, 1 Tasse Sauerkraut und 2 geviertelte Äpfel entsaften. Drink in Gläser füllen.
Mit je einer Spur Currypulver bestäuben und mit Kokosraspeln bestreuen.

Lemon Ginger (A1)

In ein hohes Glas:

2 Eiswürfel, Saft von 1/2 Zitrone und
1 Fläschchen Ginger Ale geben. Mit langem Löffel umrühren und mit 1 Zitronenscheibe und
2 Maraschinokirschen garnieren.
Mit Strohhalm und langem Löffel servieren.

Ginger Grenadine (A2)

In ein hohes Glas:

2 Eiswürfel und 1 Eßlöffel Grenadine-Sirup geben. 1 Fläschchen sehr kaltes Ginger Ale getrennt dazu reichen. Getränk mit Ginger Ale auffüllen. 2 Maraschinokirschen ins Glas geben. Glas mit Zitronenspirale garnieren.
Mit Strohhalm servieren. Eventuell langen Löffel dazu reichen.

Russischer Gurkendrink (B1)

Im Entsafter:

1 entkernte Salatgurke entsaften. Mit 2 Bechern Joghurt, 1 Bund geschnittenem Dill, schwarzem gemahlenem Pfeffer und etwas Salz vermischen. In Gläser füllen und mit je einer Zitronenscheibe garnieren.

Avocado Spezial (B2)

In einen Mixer:

1 reife, geschälte Avocado, Saft von 1 Zitrone,
2 Becher Joghurt natur, schwarzen gemahlenen Pfeffer, 1/2 Bund Petersilie und 1 Prise Salz geben. Alles 15 Sekunden auf höchster Stufe mixen.
Zuletzt 1/4 l Milch untermixen.
In 4 Gläser je 1 Eiswürfel geben, Avocadodrink einfüllen. Mit etwas Cayennepfeffer und etwas Aromat oder Fondor bestreuen. Ein Drink für die Schlankheitsdiät.

A
1
2

1
2
3
B

A
1
2

B
1
2
3
4
5
6
7

Eden Rocks (A1)

In eine Sektschale:

2 Teelöffel Himbeersirup, $1^{1}/_{2}$ Likörgläser Kirschwasser und 1 Eiswürfel geben. Mit gut gekühltem Sekt Rosé auffüllen.

Pick me up (A2)

In eine Sektschale:

Saft von $^{1}/_{2}$ Orange, $1^{1}/_{2}$ Likörgläser Grand Marnier und 1 Eiswürfel geben. Sekt auffüllen. Mit grünen Blättchen garnieren.

Martini Spezial (B1)

In einen Shaker:

2 Likörgläser Gin, 1 Likörglas Martini dry und $^{1}/_{2}$ Teelöffel Pernod und Eiswürfel geben. Schütteln und in ein Glas seihen.
Mit einer Perlzwiebel am Spießchen servieren.

Cowboy-Cocktail (B2)

In einen Shaker:

$^{1}/_{2}$ Likörglas Halbbitter, $^{1}/_{2}$ Likörglas Kirschwasser und 1 Likörglas Vermouth rosso und Eiswürfel geben. Schütteln.
Ins Glas seihen und mit einer Cocktailkirsche am Spießchen reichen.

Jeyplak-Cocktail (B3)

In ein Mixglas:

2 Likörgläser Gin, 1 Likörglas Vermouth rosso, einen Spritzer Pernod und Eiswürfel geben. Umrühren. In ein Glas seihen, mit etwas Zitronenschale abspritzen.
Mit einer Zitronenscheibe garnieren.

Rezepte zu B4, 5, 6 + 7 auf S. 36

Valencia (S. 34, B4)

In einen Shaker:

1 1/2 Likörglas Apricot, 1 Likörglas Orangensaft und Eiswürfel geben. Schütteln. Ins Glas seihen und mit Sekt auffüllen.

Raspberry-Cocktail (S. 34, B5)

In einen Shaker:

1 Teelöffel zerdrückte Himbeeren, je 1 Likörglas Gin, Vermouth rosso, Vermouth dry und Orangensaft und Eiswürfel geben. Schütteln.
In ein Glas seihen.
Mit ganzen Himbeeren garnieren.

Harry's Cocktail (S. 34, B6)

In einen Shaker:

2 Likörgläser Gin, 1 Likörglas Vermouth rosso, einen Spritzer Pernod und Eiswürfel geben.
Gut schütteln.
Ins Glas seihen und mit einer gefüllten Olive und Pfefferminzblättchen garnieren.

Six Degree Cocktail (S. 34, B7)

In einen Shaker:

1 1/2 Likörgläser Gin, je 1 Likörglas Kirschwasser, Cherry Brandy und Malteserkreuz und Eiswürfel geben.
Schütteln und ins Glas seihen.
Diesen Drink sehr kalt trinken.

Blue Day

In einen Shaker:

2 Likörgläser Wodka, 1 Likörglas Curaçao bleu und Eiswürfel geben. Gut schütteln. In ein gekühltes Cocktailglas füllen.
Mit einer Zitronenscheibe garnieren.

Barbara

In einen Shaker:

1 Likörglas Wodka, 1 Likörglas süße Sahne, 1 Likörglas Crème de Cacao und Eiswürfel geben. Gut schütteln. In ein gekühltes Cocktailglas seihen. Cocktail mit etwas geriebener, bitterer Schokolade bestreuen.

Gossamer (S. 39, B1)

In einen Shaker:

1 1/2 Likörgläser Gin, 1 Likörglas Pfefferminzlikör und Eiswürfel geben. Gut schütteln. In ein Glas seihen.
Mit Sekt auffüllen und mit einer halbierten Orangenscheibe hübsch garnieren.

Bishop (S. 39, B2)

In ein Glas:

1 1/2 Likörgläser Whisky, 1/2 Likörglas Orangensaft, 1/2 Likörglas Vermouth rosso, 1 Spritzer Chartreuse und Eiswürfel geben.

Satyre (S. 39, B3)

In einen Shaker:

1 1/2 Likörgläser Vermouth dry, 1/2 Likörglas Quetsch-Brandy, 1/2 Likörglas Cognac und Eiswürfel geben. Schütteln.
In ein Glas seihen und Glasrand mit einer Zitronenspalte garnieren.

Sigrun Pimm's (S. 39, B4)

In ein hohes Glas:

1 1/2 Likörgläser Pimm's Nr. 1, 2 Eiswürfel und eventuell 1 Zitronenscheibe geben. Mit Ginger Ale auffüllen und einigen Tropfen Worcestersoße würzen. Mit dünn abgeschälter Gurkenschale garnieren.

Adelle Spezial (B5)

In einen Shaker:

2 1/2 Likörgläser schottischen Whisky, 1 Teelöffel Curaçao und Eiswürfel geben. Schütteln, in eine Sektschale seihen und servieren.

Grasshopper (A1)

In einen Shaker:

je 1 Likörglas süße Sahne, grünen Pfefferminzlikör, Crème de Cacao und Eiswürfel geben. Kräftig schütteln und in ein Glas geben.

Alexander (A2)

In einen Shaker:

je 1 Likörglas süße Sahne, Crème de Cacao, Weinbrand und Eiswürfel geben. Schütteln. In ein Stielglas seihen.
Mit geriebener Muskatnuß bestäuben.

White Lady (A3)

In einen Shaker:

je 1 Likörglas Zitronensaft, Gin, Triple Sec und Eiswürfel geben. Schütteln. In ein Glas seihen.
Mit einer Cocktailkirsche servieren.

Porto-Flip (A4)

In einen Shaker:

1 frisches Ei, 1 Teelöffel Puderzucker, 1 Eßlöffel süße Sahne, 1 Likörglas Weinbrand oder Cognac, 4 Likörgläser Portwein und 3–4 Eiswürfel geben. Tüchtig schütteln.
In ein Glas seihen und mit Muskat bestäuben.
Tip: Abgeriebene Muskatnuß ist nicht jedermanns Geschmack. Es tut dem Porto-Flip keinen Abbruch, wenn Sie darauf verzichten.

2
3
4
A

B
1
2
3
4
5

1
2
3
A

B

C

Angel's Kiss (A1)

In eine Likörschale:

2 Likörgläser Crème de Cacao und da hinein 1 Likörglas süße Sahne geben.

Rubin in Creme (A2)

In eine Likörschale:

2 Likörgläser Eiercognac und in die Mitte 1 Likörglas Sherry Brandy geben.

Seerose (A3)

In eine Likörschale:

2 Likörgläser Escorial grün geben. 1 Likörglas Eiercognac hineintropfen lassen, so daß der Eiercognac auf dem Grund des Glases wie eine bizarre Blüte erscheint.

Ericson (B)

In einen Tumbler:

2 Likörgläser Wodka, 1 Spritzer Angostura Bitter, 1 Tropfen Tabasco und 1 Teelöffel Zitronensaft mit einem Eiswürfel geben. Mit eisgekühltem Ginger Ale auffüllen.

Pfefferminz-Mix (C)

In ein Glas:

3 frische, gewaschene, zerdrückte Pfefferminzblättchen geben. Glas bis zur Hälfte mit gestoßenem Eis füllen, Saft von 1/2 Orange und 1/2 Zitrone, 2 Likörgläser Weinbrand und 1/2 Teelöffel Puderzucker zugeben. Alles kurz verrühren. 1 Zweig Pfefferminze, 1 Kirsche und Orangenscheiben hineingeben und zum Schluß mit ein wenig Sodawasser auffüllen.
Tip: Statt der Pfefferminzblättchen können Sie auch 3 zerdrückte Pfefferminzpastillen nehmen.

Bloody Guts Special

In ein Glas:

1 Eiswürfel, 1 Likörglas Cognac und
4 Likörgläser Sangrita-Picante geben. Umrühren.
Mit Zitronenschale garnieren.

Benelux

In einen Shaker:

1 Likörglas Wodka, 1 Likörglas Zitronensaft,
1/2 Likörglas Curaçao weiß, 1 Schuß Rum,
1 Schuß Grenadine und Eiswürfel geben.
Gut schütteln.
Den Rand des Glases mit Zitronensaft einreiben,
in Zucker tauchen. 1 Cocktailkirsche ins Glas
geben. Drink darübergießen.

American Glory

In eine Sektschale:

feinzerschlagenes Eis, 1 Eßlöffel Grenadine-
Sirup und den Saft von 1/2 Orange geben. Mit
eiskaltem Sekt auffüllen.
Mit Orangenscheiben garnieren.

Apricot

In einen Shaker:

1 1/2 Likörgläser Apricot Brandy, 3/4 Likörglas
Zitronensaft, 3/4 Likörglas Orangensaft und
Eiswürfel geben. Gut schütteln. In ein Glas seihen.
Mit etwas eiskaltem Sekt auffüllen.
Mit 1 Zitronenscheibe garnieren.

Babbie's Special

In einen Shaker:

2 Likörgläser Apricot Brandy, 1 Likörglas
süße Sahne, 1 Spritzer Gin und Eiswürfel geben.
Gut schütteln. In ein Glas seihen.

Dandy-Mix

In einen Shaker:

½ Tasse stark aufgebrühten Kaffee, 1 Likörglas Mokkalikör, 2 Eßlöffel Zucker und Eiswürfel geben. Gut schütteln. In ein Glas gießen. Mit etwas süßer, ungeschlagener Sahne auffüllen.

Tante Anna

In ein Mixglas:

¼ l Portwein und ½ Glas Whisky geben. Umrühren. In Gläser gießen und mit eiskaltem rotem Sekt auffüllen.
Rezept ergibt 2 Gläser.

Diplomat

In ein Mixglas:

2 Likörgläser Cinzano dry, 1 Likörglas Cinzano rosso, 1 Spritzer Maraschino und Eiswürfel geben. Umrühren. In ein Glas seihen. Mit 1 Kirsche garnieren und mit Zitronenschale kurz abgespritzt.

Tussyfoot

In einen Shaker:

Saft von 1 Zitrone und von 1 Orange, 1 Eigelb, 1 Spritzer Grenadine und Eiswürfel geben. Gut schütteln. In ein Glas seihen. Mit ½ Orangenscheibe und 1 Cocktailkirsche garniert servieren.

St. Moritz

Eine Sektschale:

zur Hälfte mit zerstoßenem Eis füllen. 1 Zitronenscheibe drauflegen. 1 Likörglas Kümmellikör und 1 Schuß Scotch Whisky drübergießen. Mit kurzem Strohhalm servieren.

Snowball (A)

In einen Shaker:

3 Likörgläser Whisky, 1 Eiweiß und 1 Eiswürfel geben. Schütteln. Ein Glas mit etwas gestoßenem Eis füllen, mit Kompottfrüchten und Orangenscheiben garnieren und den Whisky darübergießen. Mit Strohhalm servieren.

Chatterly (B)

In einen Shaker:

2 Likörgläser Gin, 1/3 Likörglas Vermouth dry, 1/3 Likörglas Orangensaft, 1/3 Likörglas Curaçao weiß und Eiswürfel geben. Schütteln und in ein Glas seihen. Mit 1 Orangenscheibe garnieren.

Rübezahl-Cocktail (C1)

In ein Mixglas:

je 3/4 Likörglas Zitronensaft und Gin sowie 1 1/4 Likörglas Brombeerlikör geben. Umrühren. In ein Glas 2–3 Eiswürfel geben. Mixgetränk darübergießen. Mit 1 Cocktailkirsche am Spießchen garnieren.

Blackberry Collins (C2)

In ein hohes Glas:

Saft von 1/2 Zitrone, 1 Likörglas Brombeerlikör und 2–3 Eiswürfel geben. Mit Soda auffüllen. An den Glasrand eine Orangenscheibe stecken.

Boulevard

In ein Mixglas:

1 1/2 Likörgläser Pernod, 1 1/2 Likörgläser Vermouth rosso, 2 Spritzer Angostura Bitter und 3–4 Eiswürfel geben. Gut umrühren. In ein Glas seihen und mit etwas Zitronenschale abspritzen.

A

B

C
1
2

A

B

C
1
2
3

Tom Collins (A)

In ein Glas:

2 Likörgläser Gin, Saft von 1/2 Zitrone, 1/2 Teelöffel Zucker und 2 Eiswürfel geben. Umrühren. Mit Mineralwasser auffüllen und eine Zitronenscheibe ins Glas geben.

Greeneyed Monster (B)

In ein Mixglas:

3–4 Eiswürfel, 1 1/2 Likörgläser Vermouth dry, 1 1/2 Likörgläser Gin und 1 1/2 Likörgläser Chartreuse grün geben. Umrühren. In ein gekühltes Glas seihen.
Eine Maraschinokirsche am Spießchen ins Glas hineinlegen.

Kingston (C_1)

In einen Shaker:

1 1/2 Likörgläser Rum, 1 1/2 Likörgläser Curaçao, 3/4 Likörglas Grenadine-Sirup, 3/4 Likörglas Zitronensaft und 3–4 Eiswürfel geben. Tüchtig schütteln. In ein Glas seihen.
Nach Wunsch das Glas mit einer Zitronenspirale garnieren.

Sekt Julep (C_2)

In ein hohes Glas:

2 Eiswürfel, 1 Likörglas Cognac oder Weinbrand und 1/2 Likörglas Pfefferminzlikör geben. Eiskalten Sekt dazugießen.

Rose

In einen Shaker:

1 Likörglas Grenadine, 1 Likörglas französischen Vermouth, 1 Likörglas Kirschwasser und Eiswürfel geben. Gut schütteln. In ein Glas seihen.

„Chicago", C_3, Rezept S. 48

Chicago (S. 46, C3)

In ein Mixglas:

3–4 Eiswürfel, 1 1/2 Likörgläser Curaçao-Orange und 1 1/2 Likörgläser Weinbrand geben. Umrühren. In ein Cocktailglas seihen und mit eiskaltem Sekt auffüllen. Eine Maraschinokirsche hineingeben und den Drink mit etwas Zitronenschale abspritzen.
So wird's gemacht: Ein Stück Zitronenschale – ungespritzt natürlich! – zwischen Daumen und Zeigefinger zusammenfalten und über dem Glas kurz zusammendrücken.

Baden-Baden

In ein hohes Glas:

1 Eiswürfel, 1 Tropfen Angostura, 1 Kirsche, 1 Orangenscheibe und 1 Likörglas Curaçao weiß geben. Mit Schaumwein auffüllen. Mit Zitronenschale abspritzen.
Statt Schaumwein können Sie Sekt nehmen.

Campari Senator

In einen Tumbler:

1 Likörglas Campari, 2 Likörgläser Vermouth rosso, Saft von 1/2 Zitrone und 2 Eiswürfel geben. Kurz umrühren. Mit 2 dünnen Zitronenscheiben garnieren. Mit frischem, eiskaltem Sodawasser auffüllen.
(Foto auf dem Buchtitel).

Cassis Vermouth (S. 51, A)

In ein Aperitifglas:

1 Eiswürfel, 2 Likörgläser Sisca (schwarzer Johannisbeerlikör) und 1 Likörglas Vermouth dry geben. Kurz verrühren. Mit Sodawasser oder Mineralwasser auffüllen.
Mit einer Zitronenscheibe oder -spirale garnieren.

Cornell-Cocktail (S. 51, B1)

In einen Shaker:

2 Likörgläser Gin, 1 Teelöffel Maraschinolikör, 1 Eiweiß und 3 Eiswürfel geben. Gut schütteln. In ein Glas seihen. Mit Zitronenscheibe und Maraschinokirsche garnieren.

Jamaica Honey Bee (S. 51, B2)

In einen Shaker:

3 Likörgläser Rum, 1 Teelöffel leicht erwärmten Honig, 3/4 Likörglas Zitronensaft und 3 Eiswürfel geben. Gut schütteln. In ein Glas seihen und mit Zitronenschale abspritzen.

Daiquiri on the Rocks (S. 51, C1)

In ein hohes Glas:

3 Eiswürfel, Saft von 1/2 Zitrone, 1–2 Eßlöffel Grenadine-Sirup und 2 Likörgläser Rum geben. Umrühren und zuletzt etwas gut gekühltes Mineralwasser dazugießen.

Gin Fizz (S. 51, C2)

In einen Shaker:

1 schwach gehäuften Teelöffel Puderzucker, Saft von 1 Zitrone, 1 Spritzer Orangenlikör, 2 Likörgläser Gin und Eiswürfel geben. Tüchtig schütteln. In ein kleines Becherglas seihen, 1 oder 2 Eiswürfel hineingeben und einen Schuß kühles Mineralwasser hinzufügen. Mit einer Zitronenspirale garnieren.

Kuckuck

In ein Mixglas:

1 Likörglas Wodka, 1 Likörglas Martini rosso, 1 Likörglas Rum und Eiswürfel geben. Umrühren. In ein Glas seihen.

Whisky Sour (C3)

In einen Shaker:

Saft von 1/2 Zitrone und 1/4 Orange, 1 schwach gehäuften Teelöffel Puderzucker, 2 1/2 Likörgläser Whisky und 2 Eiswürfel geben. Den Drink kurz schütteln und in ein Whiskyglas geben und noch 1–2 weitere Eiswürfel hineingeben.
Nach Wunsch mit 1 Orangenspalte und 1 Maraschinokirsche garnieren.

Aperitif (C4)

In ein Becherglas:

2 oder 3 Eiswürfel, 1/2 Teelöffel Grenadine-Sirup, 1 Likörglas Gin und 2 Likörgläser Vermouth rosso oder Vermouth bianco geben. Gut umrühren. Einen Spritzer Mineralwasser hineingeben und mit einer Maraschinokirsche servieren.

Kirsch-Orange (C5)

In ein hohes Becherglas:

je 2 Likörgläser Kirschlikör und Rum geben.
3 Eiswürfel, 1 Orangenscheibe und 1 Cocktailkirsche hinzufügen und den Drink mit Orangensaft auffüllen. Vor dem Trinken kurz umrühren.
Mit Strohhalm servieren.

Sekt-Cocktail (C6)

In eine Sektschale:

1 Stück Würfelzucker geben und mit 1/2 Teelöffel Zitronensaft und 2 bis 3 Spritzern Angostura Bitter tränken. Mit gut gekühltem Sekt Rosé auffüllen und vielleicht noch 1 Eiswürfel hineingeben. Das hält länger kühl.
Nach Wunsch den Sekt-Cocktail noch mit etwas Zitronenschale abspritzen.

A

1
2
B

C
6
2
4
1
5
3

Mixereien
mit Orangensaft:
Eiscreme-Drink
(links)
und Gin-Orange

Drinks mit
Cola aufgefüllt:
Erdbeer-Drink
(links)
und Vermouth-
Drink

Eiscreme-Drink (1)

In ein hohes Becherglas:

2 oder 3 Kugeln Vanilleeiscreme, 2–3 Eßlöffel gezuckerte Johannisbeeren oder Himbeeren geben. Mit kaltem Orangensaftgetränk auffüllen und nach Wunsch noch mit etwas Orangenlikör oder Rum verfeinern.
Eiscreme-Drink mit einem langen Barlöffel oder Strohhalm servieren.

Gin-Orange (2)

In ein hohes Becherglas:

1–2 Likörgläser Gin, Saft von 1/4 Zitrone und 3 oder 4 Eiswürfel geben. Mit Orangensaftgetränk auffüllen. Den Gin ganz nach Wunsch auch durch Wodka oder Whisky ersetzen.
Gin-Orange mit einer halben Orangenscheibe auf dem Glasrand servieren.

Erdbeer-Drink (1)

In ein hohes Becherglas:

3 oder 4 Kugeln Erdbeereiscreme und Saft von 1/4 Zitrone geben. Eventuell noch 1/2 Scheibe Ananas aus der Dose und einige Maraschinokirschen hinzufügen. Vorsichtig (schäumt stark) mit ganz kaltem Cola auffüllen.
Mit langem Löffel servieren.

Vermouth-Drink (2)

In ein hohes Becherglas:

1 oder 2 Likörgläser Vermouth dry geben, Saft von 1/2 Zitrone durch ein Sieb hinzufügen und 2–3 Eiswürfel hineinlegen. Das Getränk mit kaltem Cola auffüllen und eine Orangenscheibe auf den Rand stecken.
Abwandlung: Statt Vermouth können Sie für diesen Drink auch weißen Rum nehmen.

Genever-Cocktail

In ein Mixglas:

1 1/2 Likörgläser Genever, 1 Spritzer Angostura und Eiswürfel geben. Umrühren. Eingießen.

Champagne-Cocktail

In eine Sektschale:

1 Stück Würfelzucker geben. Zucker mit einigen Tropfen Angostura tränken. Mit gekühltem Sekt oder Champagner aufgießen.

Refresher

Ein hohes Glas:

mit kleinen Eiswürfeln füllen. 1 Likörglas Grenadine und 1 Likörglas Kirschwasser drübergießen. Mit Sodawasser auffüllen. Mit je 1 Zitronen- und Orangenscheibe garnieren.

Belami

In einen Shaker:

3/4 Likörglas Wodka, 3/4 Likörglas Crème de Cacao, 1 1/2 Likörgläser Eier-Cognac und Eiswürfel geben. Gut schütteln. In ein Glas seihen.

Frou-Frou

In einen Shaker:

3/4 Likörglas süße Sahne, 3/4 Likörglas Crème de Cacao, 1 Likörglas Bananenlikör und Eiswürfel geben. Gut schütteln. In ein Glas seihen.

Butterfly-Flip

In einen Shaker:

je 1 1/2 Likörgläser Cognac und Crème de Cacao, 3 Teelöffel Sahne, 1 Teelöffel Zucker, 1 Eigelb und Eiswürfel geben. Schütteln. Ins Glas seihen.

Tempter

In ein Mixglas:

$1\,^1/_4$ Likörgläser Apricot Brandy, $1\,^1/_4$ Likörgläser Portwein und Eiswürfel geben. Umrühren. In ein Glas seihen. Mit 1 Zitronenspirale garnieren.

Weinbrand-Flip

In einen Shaker:

1 Ei, 1 Teelöffel Puderzucker, 2 Likörgläser Weinbrand und Eiswürfel geben. Gut schütteln. In ein Glas seihen. Mit Muskat bestäuben.

Boston-Flip

In einen Shaker:

3–4 Eiswürfel, 1 Eigelb, 1 Teelöffel Puderzucker, $1\,^1/_2$ Likörgläser Bourbon Whisky und $1\,^1/_2$ Likörgläser Madeira geben. Gut schütteln. In ein hohes Glas seihen und mit etwas Muskatnuß bestäuben.

Barman's Flip

In einen Shaker:

1 Eiweiß, 1 Teelöffel Grenadine-Sirup, 1 Likörglas Weinbrand, 1 Likörglas Whisky, etwas geriebene Muskatnuß und Eiswürfel geben. Gut schütteln. In ein Glas seihen. Etwas Muskat drüberreiben.

Schoko-Flip

In einen Shaker:

je 1 Likörglas Cognac, süße Sahne und Curaçao geben. 1 Eßlöffel Schokoladen-Instant-Pulver, 1 Eigelb und Eiswürfel dazugeben. Gut schütteln. In ein Glas gießen. Mit 1 Cocktailkirsche garnieren.

Rum-Orange (A1)

In ein hohes Glas:

2 Likörgläser Rum, Saft von 1 Orange und 2 Spritzer Angostura geben. Mit süßem Sprudel auffüllen. Zusätzlich 2 Teelöffel Curaçao verfeinern das Aroma.

Rum-Float (A2)

In ein hohes Glas:

Saft von 1 Zitrone und 1 Teelöffel Puderzucker geben, verrühren und zur Hälfte mit Mineralwasser auffüllen. Eiswürfel und Zitronenscheibe hineingeben. Mit 2 Likörgläsern Rum übergießen.

Rum-Pick up (A3)

Ein hohes Glas:

zu 3/4 mit Milch füllen, 1 Teelöffel Puderzucker und 2 Likörgläser Rum unterrühren.

Wisa Gloria (B1)

In einen Bierkelch:

1 Eßlöffel Grenadine-Sirup und 2 dünne Zitronenscheiben geben. Mit Diätpils auffüllen.

Bahamas (B2)

In ein hohes Glas:

2 Likörgläser Gin, 1 Likörglas Vermouth dry und 1 Eiswürfel geben. Mit eiskaltem Ginger Ale auffüllen und 1 Zitronenscheibe dazugeben.

Tampa

In einen Shaker:

2 Likörgläser Rum, 1 Likörglas Gin und den Saft von 1/4 Zitrone mit Eiswürfeln geben.
Gut schütteln. In ein Glas seihen.

B
1
2
3
A
1
2

Oben von links nach rechts: Brandy-Flip, Rum-Flip, Champagner-Flip, Weinbrand-Shake und Brandy-Fizz. (S. 35)

Foto links:
1. Golden-Fizz (S. 34)
2. Silver-Fizz (S. 34)

Foto links:
1. Ananas-Fizz (S. 34)
2. Davis-Cocktail (S. 34)

Brandy-Flip (A1)

In einen Shaker:

1 Eigelb, etwa 1 Teelöffel Zucker, 1 Likörglas Weinbrand und Eiswürfel geben. Gut schütteln. In ein Glas seihen. Mit Muskat bestäuben.

Rum-Flip (A2)

In einen Shaker:

1 Eigelb, etwa 1 Teelöffel Zucker, 1 Likörglas Rum und Eiswürfel geben. Gut schütteln. In ein Glas seihen. Mit Muskat bestäuben.

Champagner-Flip (A3)

In einen Shaker:

1 frisches Ei, 1 Teelöffel Puderzucker, 1 Spritzer Angostura Bitter, 1/2 Likörglas Cognac oder Weinbrand, 1/2 Weinglas Champagner oder Sekt und 3–4 Eiswürfel geben. Kurz schütteln.
In ein Glas seihen und noch etwas Champagner oder Sekt dazuspritzen.
Mit etwas geriebener Muskatnuß bestäuben.

Weinbrand-Shake (A4)

In einen Shaker:

3 Eiswürfel, 1 Tasse Milch, 1 Eigelb, 1 Teelöffel Puderzucker, 2 Likörgläser Weinbrand geben.
Gut schütteln und in ein hohes Glas seihen.
Etwas Muskat drüberreiben.
Mit Strohhalm servieren.

Brandy Fizz (A5)

In einen Shaker:

den Saft von 1 Zitrone, 1 Likörglas Weinbrand, etwas Zucker und Eiswürfel geben. Gut schütteln. In ein Glas seihen. Mit Soda auffüllen.

Golden Fizz (S. 58, B1)

In einen Shaker:

2 Likörgläser Gin, 1 Teelöffel Puderzucker, den Saft von 1 Zitrone, 1 Eigelb und Eiswürfel geben. Gut schütteln und in ein hohes Glas seihen. Mit Sodawasser auffüllen.

Silver Fizz (S. 58, B2)

In einen Shaker:

3 Likörgläser Dry Gin, 1/2 Teelöffel Puderzucker, 1 Eiweiß, Saft von 1/2 Zitrone und Eiswürfel geben. Gut schütteln. In ein Glas seihen und mit Sodawasser auffüllen.

Ananas Fizz (S. 58, C1)

In ein hohes Glas:

2 Eiswürfel, 3 Likörgläser Rum, den Saft von 1/4 Zitrone und 1 Teelöffel Puderzucker geben. Umrühren und mit 1/8 l Ananassaft und derselben Menge Mineralwasser auffüllen.
Glasrand mit einem Stückchen Ananas bestecken.

Davis-Cocktail (S. 58, C2)

In einen Shaker:

3–4 Eiswürfel, 1 Likörglas Rum, 2 Likörgläser Vermouth dry, 1 Likörglas Zitronensaft und 1 Teelöffel Grenadine-Sirup geben. Gut schütteln und in ein Glas seihen.
Mit einer Maraschinokirsche garnieren.

Flip-Flap

In einen Shaker:

1 Eigelb, 1 Teelöffel Zucker, 1 Teelöffel Grenadine, 1 Likörglas Portwein, 1 Likörglas Sherry und Eiswürfel geben. Schütteln. Eingießen.

Daredevil-Flip

In einen Shaker:

2 Likörgläser Portwein, 1 Ei, 1 Spritzer Angostura und Eiswürfel geben. Gut schütteln. In ein Glas seihen.

Law's Flip

In einen Shaker:

2 Likörgläser Portwein, 1 Likörglas Weinbrand, 1/2 Teelöffel Zucker, 1 Eigelb und Eiswürfel geben. Gut schütteln. In ein Glas seihen. Mit Muskat bestäuben.

Chocolate-Flip

In einen Shaker:

3–4 Eiswürfel, 1 Ei, 1 Teelöffel Puderzucker, 1 Eßlöffel geriebene Schokolade, 1 Löffelspitze Pulverkaffee, 1 1/2 Likörgläser Maraschino und 1 1/2 Likörgläser Chartreuse gelb geben. Gut schütteln. In ein hohes Stielglas gießen und mit geriebener Schokolade bestreuen.

Zitronen-Flip

In einen Shaker:

Saft von 1 Zitrone, 1 Ei, 2 Teelöffel Zucker, 1 Likörglas Steinhäger, 2 Spritzer Curaçao und Eiswürfel geben. Gut schütteln. In ein Glas seihen.

Beeren-Flip (S. 63,6)

In einen Shaker:

1 Ei, 1 gehäuften Teelöffel Puderzucker, 2 1/2 Likörgläser Fruchtsaftlikör (Schwarze Johannisbeere, Brombeere) und Eiswürfel geben. Gut schütteln. In ein Glas seihen. Mit geriebener Muskatnuß bestäuben.

Cherry-Flip (1)

In einen Shaker:

3 Likörgläser Kirschlikör, $1^1/_2$ Teelöffel Puderzucker, 1 Ei, $^1/_4$ l Milch und Eiswürfel geben. Gut schütteln. In ein Glas seihen. Mit einer Kirsche garnieren.

Schwarzwälder Orangen-Flip (2)

In einen Shaker:

Saft von 1 Orange (3–4 Likörgläser), 2 Likörgläser Eierlikör und 1 Likörglas Schwarzwälder Kirschwasser geben. Schütteln. In ein Glas seihen.

Orangen-Sahne-Flip (3)

In einen Shaker:

2 Likörgläser Weinbrand, 1 Likörglas Curaçao Triple Sec, 1 Eigelb, 1 Likörglas süße Sahne, $^1/_2$ Teelöffel Puderzucker und Eiswürfel geben. Gut schütteln. In ein Glas seihen.

Kaffee-Flip (4)

In einen Shaker:

2 Likörgläser Portwein, 1 Likörglas Weinbrand, $^1/_2$ Teelöffel Puderzucker, 1 Ei und Eiswürfel geben. Gut schütteln. In ein Glas seihen. Seinen Namen hat dieser Flip von seiner kaffeebraunen Farbe.

Lemon-Flip (5)

In einen Shaker:

3–4 Eiswürfel, 1 Eigelb, 2 Eßlöffel süße Sahne, Saft von $^1/_2$ Zitrone, 2 Teelöffel Puderzucker und 4 Likörgläser Weißwein geben. Gut schütteln. In ein hohes Glas seihen. Mit geriebener Zitronenschale bestreuen.

1
2
3
4
5
6

1
2
3
4
5
6

Sherry-Cobbler (1)

In ein Glas:

zerstoßenes Eis, 2 Likörgläser Sherry, 1 Teelöffel Puderzucker und 1 Eßlöffel Orangensaft geben. Verrühren. Mit filierten Orangenspalten, Bananenscheiben und 1 Zitronenscheibe garnieren. Mit Strohhalm servieren.

Kaffee-Cobbler (2)

In ein Glas:

zerstoßenes Eis, 2 Likörgläser Weinbrand und 1 Likörglas Portwein geben. Umrühren. Mit Pfirsich- und Orangenwürfeln garnieren. Die Farbe gibt diesem Cobbler seinen Namen.

Vermouth-Cobbler (3)

In ein Glas:

zerstoßenes Eis, 1/2 Teelöffel Puderzucker, 1 Eßlöffel Whisky und 1 Eßlöffel Curaçao geben. Umrühren. Mit hellem Vermouth auffüllen. Mit Orangenscheiben und Kirschen garnieren.

Rum-Cobbler (4)

In ein Glas:

zerstoßenes Eis, 2 Eßlöffel Ananassaft und 2 Likörgläser Rum geben. Umrühren. Mit Ananas, Trauben und Beeren garnieren.

Sekt-Cobbler (5)

In ein Glas:

zerstoßenes Eis, 1 Eßlöffel Orangensaft und 1 Eßlöffel Curaçao Triple Sec geben. Umrühren. Mit Sekt auffüllen und mit Früchten garnieren. Übrigens: Cobbler werden immer mit Strohhalm und Löffel serviert!

Narragansett-Cobbler (S.64, 6)

In ein Glas:

zerstoßenes Eis, 2 Likörgläser Whisky und 1 Teelöffel Puderzucker geben. Umrühren. Mit Pfirsichspalten und 1/2 Zitronenscheibe garnieren. Mit Ginger Ale auffüllen.

Brombeer Frappé

Ein gekühltes Glas:

mit feingestoßenem Eis füllen. 3 Likörgläser Brombeerlikör und Saft von 1/4 Zitrone drübergießen. Mit Strohhalm servieren.

Cherry Frappé

Ein gekühltes Glas:

mit feingestoßenem Eis füllen. 2–3 Likörgläser Cherry Brandy drübergießen. Mit einem Strohhalm servieren.

Apricot Frappé

In ein gekühltes Glas:

feingestoßenes Eis füllen. 2–3 Likörgläser Apricot Brandy drübergeben.

Butterfly-Drink

In ein hohes Glas:

2 Likörgläser klaren Korn, 1 Teelöffel Zitronensaft und 1 Eiswürfel geben. Mit schwarzem Johannisbeersaft und etwas Mineralwasser auffüllen.

Pompier Highball

In ein Glas:

2 Likörgläser Vermouth dry, 1 Likörglas Brombeerlikör und 1 Eiswürfel geben.

Champagne Sour

In ein hohes Glas:

1 Teelöffel Puderzucker und 1 Teelöffel Zitronensaft geben. Verrühren. 1 Eiswürfel zufügen. Mit Sekt auffüllen. Mit einer Orangenscheibe und einer Kirsche garnieren. Mit Strohhalm servieren.

Türkenblut

Ein hohes Glas:

zu 1/3 mit französischem Rotwein füllen. Mit eiskaltem Sekt aufgießen.

Diabolo Pernod

In ein Glas:

1/2 Likörglas Pernod, 1/2 Likörglas Grenadine-Sirup, 1 Eiswürfel und 1 1/2 Likörgläser Wasser geben. Gut verrühren. Glasrand mit 1/2 Zitronenscheibe garnieren.

Victory

In einen Shaker:

1 1/4 Likörgläser Pernod, 1 1/4 Likörgläser Grenadine und Eiswürfel geben. Gut schütteln. In ein Glas seihen. Mit etwas eisgekühltem Mineralwasser auffüllen. Mit einer Zitronenspirale garnieren.

Escorial-Sling

In ein Mixglas:

2 Likörgläser Escorial grün, Saft von 1/2 Zitrone, 1 Spritzer Angostura und Eiswürfel geben. Umrühren. In ein hohes Glas seihen. Mit 1 Zitronenscheibe garnieren. Mit eiskaltem Mineralwasser auffüllen.

Whisky-Sling

In ein hohes Glas:

2 Likörgläser Whisky, Saft von 1/2 Zitrone, 1 Spritzer Angostura Bitter, 1 Teelöffel Zucker und Eiswürfel geben. Umrühren. Eine Zitronenscheibe hineinlegen. Mit Mineralwasser auffüllen.

Whisky-Crusta

In einen Shaker:

Saft von 1/2 Zitrone, 1 Teelöffel Zucker, 1 Spritzer Angostura, 3 Spritzer Maraschino, 1 1/2 Likörgläser Whisky und Eiswürfel geben. Schütteln. In ein Glas mit Zuckerrand gießen.

Whisky-Soda

Ein Whiskyglas:

zu 1/3–1/2 mit Whisky füllen. 1–2 Eiswürfel zufügen und mit Sodawasser auffüllen.
Mit gefüllten Oliven reichen.
Tip: Zum Auffüllen mit Soda eignet sich ein Syphonkrug mit Kohlensäurepatrone.

Toddy-Cocktail

In einen Shaker:

2 Teelöffel Zucker, 1 Likörglas Scotch Whisky, 1 Likörglas Rum, den Saft von 1/2 Zitrone und Eiswürfel geben. Gut schütteln. In ein Whiskyglas gießen.
Mit 1 Prise Muskat bestäuben.

Stone Wall

In ein Mixglas:

3 Likörgläser Scotch Whisky, 1 Teelöffel Zucker und 1 Spritzer Mineralwasser geben. Umrühren. In ein Glas seihen. Mit Mineralwasser auffüllen und 2 Eiswürfel und etwas Zitronenschale zugeben.

Rob Roy

In ein Mixglas:

1 1/4 Likörgläser Whisky, 3/4 Likörglas italienischen Vermouth und 3/4 Likörglas französischen Vermouth geben. Umrühren. Ohne Eiswürfel in ein Glas gießen.
Mit einer Cocktailkirsche servieren.

Old Fashioned

In ein Glas:

1 Teelöffel Zucker, 1 Spritzer Angostura und einige Eiswürfel geben. Darüber 2 Likörgläser Bourbon Whisky gießen. 1/2 Zitronenscheibe, 1 Orangenscheibe und 1 Cocktailkirsche als Garnierung ins Glas geben.

Modern Maid

In ein Mixglas:

2 Likörgläser Whisky, 2 Spritzer Zitronensaft, 2 Spritzer Rum, 1 Spritzer Pernod, 1 Spritzer Orange-Bitter und Eiswürfel geben. Umrühren. In ein Glas seihen. Mit Zitronenschale abspritzen.

Manhattan Sweet

In einen Shaker:

1 Likörglas Vermouth rosso, 2 Likörgläser Scotch Whisky, 3 Spritzer Angostura und 3 Eiswürfel geben. In ein Glas seihen. Gut schütteln. Mit einer Kirsche am Spießchen servieren.

Mickie Walker

In einen Shaker:

2 1/2 Likörgläser Whisky (Johnnie Walker), 1 Teelöffel Vermouth rosso, 1 Spritzer Zitronensaft, 1 Spritzer Grenadine-Sirup und Eiswürfel geben. Gut schütteln. In ein Glas seihen.

Loensky

In einen Shaker:

1 Likörglas Malteser, 1 Likörglas Scotch Whisky, Saft von 1/4 Zitrone, 1/2 Teelöffel Puderzucker und Eiswürfel geben.
Gut schütteln. In ein Glas seihen.

Krinoline

In einer Sektschale:

1 dünne Zitronenscheibe mit 1 Löffelspitze Honig zerdrücken. 1 Likörglas Whisky drübergießen. Umrühren. Mit eiskaltem Sekt auffüllen.

John Collins

In ein Mixglas:

2 Likörgläser Whisky, den Saft von 1/2 Zitrone, 1/2 Teelöffel Zucker und 2 Eiswürfel geben. Umrühren. In ein Glas seihen. Mit Mineralwasser auffüllen und 1 Zitronenscheibe ins Glas geben.

Highland Cooler

In ein Mixglas:

3 Likörgläser Whisky, Saft von 1/2 Zitrone, 1 Teelöffel Puderzucker, 2 Spritzer Angostura und Eiswürfel geben. Umrühren. In ein hohes Glas seihen. Mit Ginger Ale auffüllen. Mit einer langen Zitronenspirale garnieren.
Ginger Ale ist eine Limonade mit Ingwer-Geschmack.

Express

In ein Mixglas:

1 1/2 Likörgläser Whisky, 1 1/2 Likörgläser Vermouth rosso, 1 Spritzer Orange-Bitter und Eiswürfel geben. Umrühren. In ein Glas seihen und mit einer Kirsche garnieren.

Cassis

In ein hohes Glas:

2 Likörgläser Bourbon Whisky, 1 Likörglas Vermouth dry, 1/2 Likörglas Crème de Cassis und Eiswürfel geben. Eventuell mit etwas gut gekühltem Sodawasser auffüllen.

Choker

In ein Mixglas:

2 Likörgläser Scotch Whisky, 1 Likörglas Pernod, 1 Spritzer Angostura Bitter und Eiswürfel geben. Umrühren. In ein Glas seihen.

Blood and Sand

In ein Mixglas:

3/4 Likörglas Scotch Whisky, 3/4 Likörglas Cherry Brandy, 3/4 Likörglas Vermouth und 3/4 Likörglas Orangensaft geben. Umrühren. Mit 1 Eiswürfel in ein Glas füllen.

Bobby Burns

In einen Shaker:

1 Likörglas Scotch Whisky, 1 Likörglas Vermouth rosso, 3 Spritzer Bénédictine und Eiswürfel geben. Gut schütteln. In ein Glas seihen.
Bénédictine ist ein von französischen Benediktiner-Mönchen entwickelter Kräuterlikör von aromatisch-würzigem Geschmack.

Blinker

In einen Shaker:

1 1/2 Likörgläser Scotch Whisky, 1 Likörglas Grapefruitsaft und 1/2 Likörglas Grenadine-Sirup geben. Gut schütteln. In ein Glas seihen.
Tip: Nicht mit Eis servieren! Ohne Eis entwickelt Whisky seinen speziellen Rauchgeschmack besser.

Barbed Wire

In ein hohes Glas:

2 Likörgläser Bourbon Whisky, 2 Eiswürfel und 1 Kirsche geben und mit eiskaltem Apfelsaft auffüllen. Mit Strohhalm servieren.

Anisette Cocktail

In einen Shaker:

1 Likörglas Bourbon Whisky, 1 Likörglas Vermouth rosso, 1 Likörglas Anisette und Eiswürfel geben. Gut schütteln. In ein flaches Schalenglas seihen und mit einer halben Orangenscheibe garnieren.

Side-Car

In einen Shaker:

1 Likörglas Weinbrand, 1 Likörglas Cointreau, 1 Likörglas Zitronensaft und Eiswürfel geben. Schütteln. In ein Glas seihen.

Queen Elizabeth

In ein Mixglas:

1¼ Likörgläser Weinbrand, 1¼ Likörgläser Vermouth rosso, 1 Spritzer Curaçao und Eiswürfel geben. Umrühren. In ein Glas seihen. Mit Sekt auffüllen.

Pousse Café van Gogh

In ein Glas:

nacheinander je eine Schicht aus ¾ Likörglas Grenadine, ¾ Likörglas Crème de Menthe grün, ¾ Likörglas Kümmel weiß und ¾ Likörglas Weinbrand gießen.
Die Schnäpse müssen der Reihe nach sehr vorsichtig aufeinander gegossen werden, damit sich die farbigen Schichten nicht mischen.

Blue Scotch

In ein Glas:

2 Likörgläser Curaçao blue, 1 Likörglas Scotch Whisky und Eiswürfel geben.
Mit Zitronenscheibe und Kirsche garnieren.

Prince of Wales

In einen Shaker:

$1^1/_4$ Likörgläser Madeira, $1^1/_4$ Likörgläser Weinbrand, 1 Spritzer Angostura, 1 Spritzer Curaçao und Eiswürfel geben. Gut schütteln. In Gläser seihen, mit Sekt auffüllen, mit einer dünnen Orangenspirale garnieren.

Mae West

In einen Shaker:

1 Likörglas Cognac, $^1/_2$ Eigelb, $^1/_2$ Teelöffel Zucker und Eiswürfel geben. Gut schütteln. In ein Cocktailglas seihen.
Mit scharfem rotem Paprika bestäuben.

Juanita

In ein Mixglas:

2 Likörgläser Cognac, 1 Teelöffel Puderzucker und Eiswürfel geben. Umrühren. In ein Sektglas seihen. Mit eiskaltem Sekt auffüllen. Mit einem Strohhalm servieren.
Tip: Rand des Sektglases mit Wasser anfeuchten, in Streuzucker tauchen, Zucker etwas antrocknen lassen und dann erst Getränk einfüllen.

Wodka-Aperitif

Ein Glas:

zu $^1/_3$ mit Wodka füllen, mit Tomatensaft aufgießen. 1 Spritzer Zitronensaft und 2–3 Eiswürfel zufügen.
Mit einer Zitronenscheibe garnieren.

Fancy Brandy Cocktail

In einen Shaker:

2 Spritzer Orange-Bitter, 1 Spritzer Angostura, 1 Teelöffel Sirup, 1 Likörglas Weinbrand und Eiswürfel geben. Gut schütteln. In ein hohes Glas seihen. Mit Schaumwein auffüllen.
Mit 1 Kirsche und einer langen, dünnen Zitronenspirale garnieren.

Egg Sour

In einen Shaker:

1 Teelöffel Puderzucker, Saft von 1/4 Zitrone, 1 Likörglas Curaçao, 1 Likörglas Weinbrand, 1 Ei und Eiswürfel geben. Gut schütteln. In ein Glas seihen und mit einer ungespritzten Orangenscheibe servieren.

Champs-Elysées

In einen Shaker:

2 Likörgläser Cognac, je 1 Teelöffel Chartreuse und Zitronensaft, 2 Spritzer Angostura Bitter und 3 Eiswürfel geben. Gut schütteln. In ein Glas mit Orangenschale seihen.

Charles Cocktail

In ein Mixglas:

1 Likörglas Weinbrand, 1 Likörglas Vermouth rosso, 1 Spritzer Angostura und Eiswürfel geben. Gut verrühren. In ein Glas seihen.

Cuban

In einen Shaker:

3/4 Likörglas Zitronensaft, 3/4 Likörglas Apricot Brandy, 1 1/2 Likörglas Weinbrand und Eiswürfel geben. Gut schütteln. In ein Glas seihen.
Mit 1 Cocktailkirsche servieren.

Cecil-Pick me up

In einen Shaker:

3–4 Eiswürfel, 1 Eigelb, 1 schwach gehäuften Teelöffel Puderzucker, 2 Likörgläser Cognac oder Weinbrand, 1 Schuß Mineralwasser und Eiswürfel geben. Gut schütteln. In ein Glas seihen. Mit etwas Champagner oder Sekt auffüllen.

Bischoff

In ein hohes Glas:

3 Eiswürfel, 1 Teelöffel Puderzucker, den Saft von $^1/_2$ Orange und $^1/_2$ Zitrone geben. Gut umrühren, 1 Weinglas Rotwein und 1 Likörglas Rum dazugießen.

Black Lady

In einen Shaker:

1 Likörglas Rum, 1 Likörglas Cassis, $^1/_4$ Likörglas Orangensaft und Eiswürfel geben. Gut schütteln. In ein Glas seihen. Mit 1 Cocktailkirsche servieren.

Cantaloup

In 4 hohe Gläser:

2 cm dick geschnittene Spalten einer entkernten und geschälten Zuckermelone verteilen. In jedes Glas 2 Likörgläser weißen Rum gießen. 1–2 Eiswürfel zufügen und mit eiskaltem Ginger Ale auffüllen. Mit langem Löffel servieren.

Mickie

In ein Mixglas:

$1^1/_3$ Likörgläser Rum, $^1/_3$ Likörglas Grenadine, $^1/_3$ Likörglas Curaçao und $^1/_3$ Likörglas Whisky geben. Umrühren. In ein hohes Glas – $^2/_3$ gefüllt mit gestoßenem Eis – gießen. Mit verschiedenen Kompottfrüchten garnieren.

Apple-Soda (A)

In ein hohes Glas:

$^1/_8$ l naturtrüben Apfelsaft, Saft von $^1/_2$ Zitrone, 1 Teelöffel Grenadine-Sirup, 2 Eiswürfel, 2 Kirschen und $^1/_2$ Scheibe Ananas geben. Mit Mineralwasser auffüllen, eventuell etwas Calvados hineingeben. Calvados ist feiner französischer Apfelbranntwein.

Punsch „Caraiba" (B)

In einem Topf:

$^1/_2$ l frisch gekochten schwarzen Tee, 2 Eßlöffel Honig, mit Nelken besteckte Scheiben von 1 Orange und Zimtstangen aufkochen. $^1/_4$ l Grapefruit- oder Ananassaft und 5–8 Likörgläser Rum dazugeben. Abgekühlt in einen Glaskrug füllen. Mit Maraschinokirschen oder Orangenscheiben garnieren. Rezept ergibt 3–4 Gläser.

Maracuja-Drink (C)

In ein Glas:

1 Teelöffel Bienenhonig, dazu den Saft von $^1/_2$ Zitrone geben. Umrühren. 2 Eiswürfel, 1 Stück Zimt, 2 Nelken, 1 Scheibe Zitrone und 2 Likörgläser Maracuja-Likör sowie Sekt oder Mineralwasser hinzufügen.

Jamaica-Planter's Punch

In ein Mixglas:

Saft von $^1/_4$ Zitrone, 1–2 Teelöffel Zucker, $1^1/_2$ Likörgläser Rum, 3–4 Teelöffel geschabtes oder kleingeschlagenes Eis und 1 Spritzer Angostura Bitter geben. Gut vermischen. In ein Glas oder eine ausgehöhlte Kokosnuß geben. Mit Maraschinokirschen und dünn abgeschälter Orangenschale garnieren.

Apple-Soda (A)
Punsch „Caraiba“ (B) und
Maracuja-Drink (C):
Erfrischende Fruchtdrinks
mit würzig-exotischem
Aroma.

A

B

Sangria (A)

In einem Glaskrug:

1 l Rotwein, 1/2 l Orangensaft, Scheiben von 1 Orange, 1 Stange Zimt, 6 Nelken, 1 Weinglas Weinbrand und 2–3 Eßlöffel Zucker 1 Stunde kalt stellen. Ca. 15 Eiswürfel hineingeben und mit 1–2 Flaschen gekühltem Mineralwasser auffüllen. Rezept ergibt ca. 15 Gläser.

Ananas Frutta (B)

In einem Topf:

4 Aufgußbeutel Malventee mit 1/2 l kochendem Wasser aufbrühen, 5 Minuten ziehen lassen. Saft von 1 kleinen Dose Ananas, 3/4 Tasse Zucker, 1 Päckchen Vanillinzucker und den Saft von 1 Zitrone 5 Minuten kochen. Zum Tee seihen. Getränk im Wasserbad erkalten lassen. (Dabei Wasser ab und zu erneuern). 1 Weinglas Orangenlikör und Ananasstücke dazugeben. Getränk mit Eiswürfeln servieren.
Rezept ergibt 4–6 Gläser.

Planter's Punch I

In einen Shaker:

1 Likörglas weißen Rum, 1 Likörglas Orangenlikör, Saft von 2 Orangen und Saft von 1/2 Zitrone und Eiswürfel geben. Gut schütteln. In einen Tumbler seihen. Mit 1 Eiswürfel, 1/2 Zitronen-, 1/2 Orangenscheibe und mit 1 frischen Pfefferminzzweig garnieren.

Dämmerböwlchen

In einer Schüssel:

4 Likörgläser Cognac, Saft von 1/2 Zitrone und Scheiben von 1 Orange 1/2 Stunde ziehen lassen. 1 Flasche Beaujolais zugeben. Früchte herausnehmen. Getränk in Gläser gießen. Mit eisgekühltem rotem Sekt auffüllen.

Rauhreif

In einen Shaker:

1 Likörglas Zitronensaft, 1 Likörglas Triple Sec, 1 Likörglas Rum und Eiswürfel geben. Gut schütteln. Glasrand mit Zitrone einreiben, in Zucker stürzen, Zucker antrocknen lassen. Getränk ins Glas gießen.
Mit 1 Cocktailkirsche garnieren.

Maxim

In ein Mixglas:

2 Likörgläser Gin, 1 Likörglas Vermouth rosso, 1 Spritzer Crème de Cacao und 3 Eiswürfel geben. Gut umrühren. In ein Glas seihen. Mit einer geviertelten Zitronenscheibe garnieren.

Orange Blossom

In einen Shaker:

1 1/2 Likörgläser Gin oder Wodka, 3/4 Likörglas Cinzano rosso, Saft von 1/4 Orange und Eiswürfel geben. Gut schütteln. In ein Glas seihen.

Princeton

In einen Shaker:

2 1/4 Likörgläser Gin, 2 Spritzer Orange-Bitter und Eiswürfel geben. Gut schütteln. In ein Glas seihen. Mit 3/4 Likörglas Portwein auffüllen.

Sky-Scraper

In ein Mixglas:

1 Likörglas Gin, 1 Likörglas Vermouth bianco und 1 Likörglas St. Raffael geben. Umrühren. In ein Glas mit 1–2 Eiswürfel gießen.
Glas mit einer Zitronenspirale garnieren.

Webster

In einen Shaker:

1 1/3 Likörgläser Gin, 2/3 Likörglas Vermouth dry, 1/3 Likörglas Apricot, 1/3 Likörglas Zitronensaft und Eiswürfel geben. Schütteln. In ein Glas seihen. Mit einer Zitronenscheibe garnieren.

White Cargo

In einen Shaker:

2 Likörgläser Gin, 1 Kugel Vanilleeis und 1/2 Weinglas Weißwein geben. Gut schütteln. In ein Glas seihen.

Tee-Flip

In einen Shaker:

1 Ei, 1 Päckchen Vanillinzucker, 2 Teelöffel Zucker, Saft von 1/2 Zitrone und 2 Likörgläser Rum geben. Gut schütteln. 1/4 l dopppelt starken Tee daraufgießen, schütteln. In Gläser füllen. Rezept ergibt 2 Gläser.

Whip

In ein Glas:

je 1 Likörglas Weinbrand, Vermouth dry, Curaçao und Pernod geben. 2 Eiswürfel zugeben. Umrühren. Mit Orangenscheibc garnieren.

Kalter Punsch Luau (S. 83, A)

In einer Schüssel:

125 g Himbeeren mit 2 Teelöffel Puderzucker bestreuen, mit einer Gabel zerquetschen, in 4 Gläser verteilen, je 1 Eiswürfel und 1–2 Likörgläser Rum daraufgeben. 1/8 l kalten, starken schwarzen Tee, 1/4 l Orangensaft, den Saft von 2 Zitronen und 4 Eßlöffel Ananassaft mischen und darübergeben. Mit Früchten garnieren. Rezept ergibt 4 Gläser.

Ananas-Cobbler (B)

In ein Glas:

1–2 Eiswürfel, 2 halbe Ananasscheiben, 1 Zitronenscheibe, 1 Maraschinokirsche und darauf 2 Likörgläser Rum, 2 Teelöffel Zitronensaft und etwas Ananassirup gießen. Kurz umrühren.

Brandy-Punch (C1)

In ein Mixglas:

2 Likörgläser Ananassaft, Saft von $^{1}/_{2}$ Zitrone, 1 gehäuften Teelöffel Puderzucker, 3 Likörgläser Cognac und Eiswürfel geben. Gut umrühren. In eine Sektschale seihen. Mit Ananasscheibe und Kirsche garnieren. Mit Mineralwasser auffüllen.

McKinley-Punch (C2)

In ein hohes Glas:

2 Likörgläser Bourbon Whisky, 4 Likörgläser Grenadine-Sirup, 1 Eßlöffel Zitronensaft und 2–3 Eiswürfel geben. Gut umrühren. Mit Sodawasser auffüllen.

Sudan Cooler (C3)

In ein Mixglas:

2 Likörgläser Gin, 2 Likörgläser Vermouth rosso, 2 Likörgläser Vermouth dry, Saft von $^{1}/_{2}$ Zitrone und Eiswürfel geben. Gut verrühren. In ein hohes Glas seihen und jeweils zur Hälfte mit süßem und saurem Mineralwasser auffüllen.

Quencher Cooler

In einen Shaker:

3 Likörgläser Cognac, 2 Teelöffel Zitronensaft, 1 Teelöffel Puderzucker, 1 Ei und Eiswürfel geben. Schütteln. Ins Glas seihen. Mit Ginger Ale auffüllen und mit Früchten garnieren.

A

B

C

A

B

Himbeerbowle (A)

In ein Bowlengefäß:

750 g verlesene, saubere Himbeeren, 1 Päckchen Vanillinzucker, 100 g Zucker, 1/2 Weinglas Grand Marnier und 1 Stück ungespritzte Orangenschale geben. Zugedeckt 2 Stunden kalt stellen. Danach Orangenschale entfernen. 2 Liter gut gekühlten Weißwein zugießen. Mit 1 Flasche Sekt Rosé auffüllen.

Johannisbeerbowle (B)

In ein Bowlengefäß:

750 g rote, gewaschene und entstielte Johannisbeeren geben. 1/2 Weinglas Maraschino, 1/2 Weinglas Madeira und 200 g Zucker zufügen. 2 Stunden zugedeckt kalt stellen. Mit 2 l kaltem Weißwein und 1/2 Flasche Sekt auffüllen.
Tip: Bowle immer zudecken, da sonst das Aroma verfliegt. Nach Sektzugabe nicht mehr umrühren. Soll nachgezuckert werden, etwas Bowlenflüssigkeit herausnehmen, darin den Zucker auflösen, gezuckerte Flüssigkeit zugießen.

Apfelbowle

In ein Bowlengefäß:

1/2 Dose Ananasstücke mit Sirup, 2 in Würfel geschnittene, geschälte Orangen, 1 Weinglas Apfelschnaps, 1 Weinglas Orangenlikör, 2 Flaschen Apfelsaft und 1 l Mineralwasser geben. Bowle 1 Stunde kalt stellen.
Rezept ergibt 24 Gläser.

Kühle Marie

In eine Bowlenkanne:

gewaschene, dünn geschälte Schale und Saft von 3 Zitronen, 2 Weingläser Cinzano bitter, 1 Flasche gekühltes Mineralwasser, 2 Flaschen Apfelsaft und Eiswürfel geben. Rezept ergibt 20–22 Gläser.

Appetizer

In einen Shaker:

Saft von 1/2 Orange, 1 Likörglas Dubonnet (oder einen anderen Aperitif), 1 Likörglas Gin und Eiswürfel geben. Gut schütteln. In ein Glas seihen. Vor dem Essen servieren.

Ananas-Julep

In ein Mixglas:

3/4 Likörglas Brombeerlikör, 3/4 Likörglas Maraschino, 3/4 Likörglas Gin, 3/4 Likörglas Curaçao und Eiswürfel geben. Umrühren. In ein Glas seihen, in dem einige, mit der Gabel zerdrückte Ananasstückchen liegen.

Blackjack

In einen Shaker:

1 1/2 Likörgläser Gin, 3/4 Likörglas Kirschwasser, 3/4 Likörglas schwarzen Johannisbeerlikör und Eiswürfel geben. Gut schütteln. In Gläser seihen. Mit Sekt auffüllen.

Charme de Paris

In einen Shaker:

1 Likörglas Vermouth rosso, 1 Likörglas Gin, 1/2 Likörglas Rum, 1/2 Likörglas Anisette und Eiswürfel geben. Gut schütteln. In ein Glas seihen, mit einer Kirsche servieren.

Dream

In einen Shaker:

2 Likörgläser Gin, 1 Likörglas Apricot Brandy, 1 Likörglas Grenadine, 1 Spritzer Zitronensaft und Eiswürfel geben. Gut schütteln. In ein Cocktailglas seihen.

Caruso

In ein Mixglas:

1 Likörglas Pfefferminzlikör, 1 Likörglas Gin, 1 Likörglas Vermouth dry und Eiswürfel geben. Umrühren. In ein Glas seihen.

Club-Cocktail

In ein Glas:

1–2 Eiswürfel, 2 Likörgläser klaren Korn oder Gin, 1 Likörglas Vermouth rosso und 1 Spritzer Chartreuse gelb geben.

Charlie Chaplin

In einen Shaker:

1 1/2 Likörgläser Gin, 3/4 Likörglas Apricot Brandy, 3/4 Likörglas Zitronensaft und Eiswürfel geben. Gut schütteln. In ein Glas seihen.

Blackout

In ein Glas:

2 Likörgläser Gin, 1 Likörglas Brombeerlikör, den Saft von 1/2 Zitrone und 1–2 Eiswürfel geben. Gut umrühren.

Bronx

In eine Sektschale:

1 1/2 Likörgläser Gin, 3/4 Likörglas Vermouth dry und 3/4 Likörglas Orangensaft geben. Mit etwas Orangenschale abspritzen!

Rajah

In eine Sektschale:

je 1 1/2 Likörgläser Weinbrand und Sekt gießen. Leicht umrühren. Mit einem Eiswürfel servieren.

Dixie

In einen Shaker:

1 1/2 Likörgläser Gin, 3/4 Likörglas Martini dry, 3/4 Likörglas Pernod, etwas Zitronensaft, Grenadine oder Himbeersirup und Eiswürfel geben. Gut schütteln. In ein Glas seihen.

Edith Day

In einen Shaker:

1 1/2 Likörgläser Gin, 1 Likörglas Grapefruitsaft, 1/2 Teelöffel Puderzucker, 1 Eiweiß und Eiswürfel geben. Gut schütteln. In ein Glas seihen.

Emerald

In ein Mixglas:

1 Likörglas Gin, 1 Likörglas Chartreuse grün, 1 Likörglas Vermouth rosso, 1 Spritzer Orange-Bitter und Eiswürfel geben. Umrühren. In ein Glas seihen, mit einer Zitronenscheibe garnieren.

Flying

In einen Shaker:

1 Likörglas Zitronensaft, 1 Likörglas Gin, 1 Likörglas Cointreau und Eiswürfel geben. Gut schütteln. In ein Glas seihen. Mit Sekt auffüllen und mit einer Cocktailkirsche garnieren.
Mit Strohhalm servieren.

Champagner-Pick me up

In einen Shaker:

3–4 Eiswürfel, 1 schwach gehäuften Teelöffel Puderzucker, 1 Likörglas Vermouth rosso und 1 Likörglas Cognac geben. Gut schütteln. In einen Sektkelch seihen. Mit eiskaltem Champagner oder Sekt auffüllen.
Mit Strohhalm servieren.

Archbishop Cooler

In ein Mixglas:

3 Likörgläser Portwein, 1/2 Likörglas Rum, Saft von 1/2 Zitrone, 1 Teelöffel Puderzucker und Eiswürfel geben. Umrühren. In ein Glas seihen. Mit einer Zitronenscheibe und etwas eisgekühltem Mineralwasser servieren.

Carrol

In ein Mixglas:

2 Likörgläser Weinbrand, 1 Likörglas Vermouth rosso und Eiswürfel geben. Umrühren. In ein Glas seihen. Mit Silberzwiebel oder eingemachter schwarzer Walnuß servieren.

Brandy Sour

In einen Shaker:

2 Likörgläser Weinbrand, Saft von 1/2 Zitrone, 1/2 Teelöffel Puderzucker und 3 Eiswürfel geben. Gut schütteln. In ein Glas seihen. Mit 1 Orangenscheibe und 1 Maraschinokirsche garnieren.

Blue Train Special

In ein Mixglas:

1 Likörglas Weinbrand, 1 Likörglas Ananassaft und Eiswürfel geben. Umrühren. In ein Glas seihen. Mit Sekt auffüllen. Mit 1 Zitronenscheibe und mit 1 Ananasstückchen servieren.

Boston Cooler

In ein Mixglas:

3 Likörgläser Cognac, Saft von 1/4 Zitrone, 1/2 Teelöffel Puderzucker, 1 Teelöffel Rum und Eiswürfel geben. Umrühren. In ein hohes Glas seihen, mit einer Zitronenspalte garnieren und mit kühlem Mineralwasser auffüllen.

Brandy Collins

In ein hohes Glas:

2 Likörgläser Cognac, Saft von $1/2$ Zitrone, $1/2$ Teelöffel Zucker und 2 Eiswürfel geben. Umrühren. Mit Mineralwasser auffüllen und 1 Zitronenscheibe ins Glas geben.

Bombay

In einen Shaker:

$1\,1/2$ Likörgläser Weinbrand, $3/4$ Likörglas Martini rosso, $3/4$ Likörglas Martini dry, 2 Spritzer Curaçao, 1 Spritzer Pernod und Eiswürfel geben. Gut schütteln. In ein Glas seihen. Mit 1 Orangenscheibe servieren.
Strohhalm dazu reichen.

Blue Special

In einen Shaker:

2 Likörgläser Ananassaft, 1 Likörglas Cognac und Eiswürfel geben. Gut schütteln. In ein Glas seihen. Mit Sekt auffüllen. Eine halbierte Ananasscheibe ans Glas stecken.

Big Bad Wolf

In einen Shaker:

2 Likörgläser Weinbrand, 1 Likörglas Orangensaft, 1 Teelöffel Grenadine, 1 Eigelb und Eiswürfel geben. Gut schütteln. In ein Glas seihen. Mit Zitronenscheibe garnieren.

Bachelor

In einen Shaker:

1 Likörglas Kakaolikör, 1 Likörglas Weinbrand, $1/2$ Likörglas Milch und Eiswürfel geben. Gut schütteln. In ein Glas seihen.
Tip: Statt Milch schmeckt auch Sahne.

Wodka-Ensemble

In ein Mixglas:

1 Likörglas Wodka, 1 Teelöffel Bananenlikör, 1/2 Likörglas Pampelmusensaft und Eiswürfel geben. Umrühren. In ein hohes Wodkaglas seihen. Mit einem Spießchen, besteckt mit einer Mandarine, einer Zwiebel und einer Maraschinokirsche, garnieren.

Boa constrictor

In ein Mixglas:

1 Likörglas Brombeerlikör und 3 Eiswürfel geben. Umrühren. In eine Likörschale seihen. Je nach Geschmack mit einem Hauch geriebener Muskatnuß überstäuben.

Valentino

In ein hohes Glas:

2 Eiswürfel, 2 Orangenscheiben, 1 Maraschinokirsche und 1 Stück Würfelzucker, mit 2 Spritzer Angostura parfümiert, geben. Mit Sekt auffüllen. Mit etwas Zitronenschale (von ungespritzter Zitrone) abspritzen.

Studio Delicious

In eine Sektschale:

1 Stück Würfelzucker, 1 Schuß Angostura Bitter und 1 Eßlöffel Cognac geben. Mit eiskaltem Sekt auffüllen. Sofort servieren.

Vanderbilt

In ein Mixglas:

1 1/4 Likörgläser Kirschlikör, 1 1/4 Likörgläser Cognac, 2 Spritzer Orange-Bitter und Eiswürfel geben. Umrühren. In ein Glas seihen. Mit 1 Kirsche garnieren.

Schwarzwald-Bowle (A)

In einen Bowlen- oder Glaskrug:

1 l Ananassaft, 100 g Zucker, 1 kleine Dose Ananasstücke, 2 Likörgläser Kirschwasser, 1/2 Weinglas Maraschino, 1 l Weißwein und ca. 15 Eiswürfel geben. Vor dem Servieren mit Mineralwasser aufgießen.
Rezept ergibt ca. 15 Gläser.

Gurkenbowle I (B)

In eine Schüssel:

1 gut gewaschene, in Scheiben geschnittene Salatgurke, Scheiben von 1 Zitrone und 2 Orangen, 2 Eßlöffel Zucker und 1 l Weißwein geben. Etwa 1 Stunde kalt stellen. Durch ein Sieb in ein Bowlengefäß gießen. 1 l Weißwein zufügen, mit 1 Flasche Sekt auffüllen. Nach Wunsch mit etwas Orangenlikör abschmecken.
Rezept ergibt ca. 18 Gläser.

Gurkenbowle II

In eine Schüssel:

Scheiben von 1 gewaschenen Salatgurke und 1/2 l Weißwein geben. 1 Stunde kalt stellen. In ein Bowlengefäß seihen. Mit 1 Weinglas Pimm's Nr. 1, 1 Flasche Weißwein, 2 Flaschen Zitronenlimonade und 15–20 Eiswürfeln auffüllen.
Rezept ergibt ca. 15 Gläser.

Williamsdrink

Im Entsafter:

1 kg geschälte und entkernte Birnenviertel entsaften. Saft von 2 Zitronen zum Birnensaft geben. 4 gehäufte Teelöffel Puderzucker und 4 Likörgläser Williamsbirne oder Kirschwasser zufügen. Kalt stellen. In 4 Gläser gießen. Mit Zitronenscheiben und Kirschen garnieren. Mit 1 Schuß Sekt Rosé auffüllen.

A

B

A

B

Erdbeerbowle (A)

In ein Bowlengefäß:

1 kg gewaschene, entstielte Erdbeeren, 1 gewaschene in Scheiben geschnittene Orange, 150 g Zucker und 1 l Rotwein geben. 1 Stunde kalt stellen. Dann mit 1 l Rotwein und 1/2 l Mineralwasser auffüllen.
Rezept ergibt ca. 20 Gläser.

Melonenbowle (B)

In eine Schüssel:

1 entkernte, in Würfel geschnittene Honig- oder Zuckermelone (ca. 1 kg), 4 Likörgläser Weinbrand, dünn abgeschälte Schale von 1 Orange, Saft von 2 Zitronen und 2 gehäufte Eßlöffel Puderzucker geben. Zugedeckt 2 Stunden kalt stellen. Danach Melonenstücke in ein Bowlengefäß geben, mit 2 l eiskaltem Weißwein und 1 kleinen Flasche Mineralwasser auffüllen. Nach Wunsch noch 1 Likörglas Portwein hineingeben und das kühle Getränk mit einem Zweig frischer Pfefferminze garnieren.
Tip: Wer es eilig hat, kühlt Wein und Mineralwasser zum Auffüllen kurz im Tiefkühlfach.
Rezept ergibt ca. 16 Gläser.

Planter's Punch II

In einen Glaskrug:

1 Dose tiefgekühlten, konzentrierten Orangensaft, 2 Südweingläser weißen Rum, 3 Likörgläser Orangenlikör, Saft von 1 Zitrone und 8 Eiswürfel geben. Mit 1/2 Flasche Sekt auffüllen. Verrühren. Mit frischen Pfefferminzzweigen und ungespritzten Zitronenscheiben garnieren.
Tip: So bleibt die Bowle länger kühl: Kurz vor dem Servieren Kunststoff-Eiswürfel zufügen oder Bowle ins Eis-Wasserbad stellen.

Spritziger Sanddorn-Orange

Eine Sektschale:

zur Hälfte mit Sanddorn-Orange füllen. Mit eiskaltem Sekt oder Champagner auffüllen.

Red Day

In ein Glas:

2 Likörgläser Sangrita, 1 Likörglas Gin und 1–2 Eiswürfel geben.
Dazu Zitronenscheiben reichen.

Rosa

In einen Shaker:

1 Likörglas Kirschwasser, 1 Likörglas Vermouth dry, 1/2 Likörglas Kirschlikör und Eiswürfel geben. Gut schütteln. In ein Glas seihen.

Rum-Rickey

In ein Mixglas:

3/4 Likörglas Rum, 1 Likörglas Chartreuse, 1/4 Likörglas Grenadine, 1/4 Likörglas Zitronensaft und Eiswürfel geben. Umrühren. In ein Glas seihen. Mit Mineralwasser auffüllen.

Pimm's

In ein Whiskyglas:

2 Likörgläser Pimm's, 3–4 Eiswürfel und 1 dick abgeschältes Stück Gurkenschale geben. Mit klarer Zitronenlimonade auffüllen. Mit frischen Pfefferminzblättchen garnieren.
Tip: Sie können Gurkenschale und Pfefferminzblättchen auch durch je 1 Orangen- und Zitronenscheibe ersetzen.

Wichtig: Wenn Sie Ihre Drinks mit Zitronen- oder Orangenscheiben garnieren, sollten Sie immer nur ungespritzte Früchte dazu verwenden.

Pfefferminz-Drink

Ein hohes Glas:

zu $^{2}/_{3}$ mit feingestoßenem Eis füllen. $1^{1}/_{2}$ Likörgläser grünen Pfefferminzlikör darübergießen. Eine Schicht gewaschene Himbeeren und Ananas- oder Aprikosenwürfel daraufgeben.
Mit Löffel und Strohhalm servieren.

Palmengarten Spezial

In ein Mixglas:

1 Likörglas Birnengeist, $1^{1}/_{2}$ Likörgläser Carpano Punt e mes und 2 Spritzer Bénédictine geben. Umrühren. In ein Glas gießen. Mit 1–2 Cocktailkirschen garnieren.

Pompier Daisy

In ein hohes Glas:

1 Likörglas schwarzen Johannisbeerlikör, $1^{1}/_{2}$ Likörgläser Vermouth dry und 1 Eiswürfel geben. Mit Sodawasser auffüllen.
Mit einer Zitronenscheibe servieren.

Mexican el Diablo

In ein hohes Glas:

den Saft von $^{1}/_{2}$ Zitrone, etwas gestoßenes Eis, $1^{1}/_{2}$ Likörgläser Tequila und $^{3}/_{4}$ Likörglas schwarzen Johannisbeerlikör geben. Mit Zitronenschale abspritzen. Mit etwas Ginger Ale oder Sodawasser auffüllen.

Irish-Cocktail

In einen Shaker:

2 Likörgläser Pfefferminzlikör, 1 Likörglas Vermouth dry, 1 Spritzer Angostura Bitter und Eiswürfel geben. Gut schütteln. In ein Glas seihen.
Mit Pfefferminzblättchen garnieren.

Pfirsichbowle (A)

In ein Bowlengefäß:

1 kg frische, geschälte Pfirsichachtel, 100 g Puderzucker, 1/2 Weinglas Apricot Brandy und 1 Weinglas Portwein oder Sherry geben. 1 Stunde kalt stellen. Mit 2 l eisgekühltem Weißwein aufgießen. Umrühren. Mit 1 Flasche Sekt auffüllen. Tip: Besonders spritzig wird diese Bowle mit Moselwein. Beim Servieren die Teelöffel zum Herausnehmen der Fruchtstücke nicht vergessen.

Kalte Ente (B)

In einen Krug:

50 g Zucker und 2 l Weißwein geben. Rühren, bis sich der Zucker gelöst hat und der Wein klar ist. 2 ungespritzte Zitronen spiralförmig dünn an einem Stück abschälen. Spiralen 20 Minuten in den Krug hängen. Krug dabei kalt stellen. Mit 1 Flasche eiskaltem Sekt und 1/2 Flasche Mineralwasser auffüllen.
Tip: Wein und Sekt nur eiskalt zur Bowle gießen.

Five-Fifteen

In einen Shaker:

1 Likörglas Curaçao, 1 Likörglas Vermouth dry, 1 Likörglas süße Sahne und Eiswürfel geben. Schütteln. Ins Glas seihen. Mit Muskat bestäuben.

Ananasbowle (S. 100, 1)

In ein Bowlengefäß:

1 kleine, frische, in Scheiben geschnittene Ananas (Strunk entfernen!), 1 Flasche Weißwein, den Saft von 2 Zitronen, 2 Likörgläser Kirschwasser und etwas Zucker geben. Kalt stellen, gut durchziehen lassen. Vor dem Servieren mit 1 Flasche eiskaltem Sekt auffüllen.

A

B

1
2

„Ananasbowle", 1, Rezept S. 98

Miramare

In einen Shaker:

$1\frac{1}{2}$ Likörgläser Wodka, $\frac{3}{4}$ Likörglas Vermouth dry, $\frac{3}{4}$ Likörglas Vermouth rosso, 1 Spritzer Angostura Bitter und 3 Eiswürfel geben. Gut schütteln. In ein Glas seihen. Mit etwas Zitronenschale abspritzen.

Fata Morgana

In ein hohes Glas:

2 Likörgläser Wodka, Saft von 1 Zitrone und 1 Teelöffel Puderzucker geben. Umrühren. 2 Eiswürfel zufügen. Mit etwas Mineralwasser servieren.

Flying Saucer

In einen Shaker:

2 Likörgläser Wodka, 1 Likörglas Limesaft, 1 Likörglas Mandelsirup und Eiswürfel geben. Gut schütteln. In ein gekühltes Glas seihen.

Czarina

In einen Shaker:

$1\frac{1}{2}$ Likörgläser Wodka, $\frac{3}{4}$ Likörglas Apricot Brandy, $\frac{3}{4}$ Likörglas Vermouth dry und 3 Eiswürfel geben. Gut schütteln. In ein Glas seihen.

„Silvesterpunsch", 2, Rezept S. 102

Fascination

In ein hohes Glas:

2 Likörgläser Pernod, 1 Likörglas Cointreau und 1 Eiswürfel geben. Mit gekühltem Sekt auffüllen.

Wodka-Tonic

In ein hohes Glas:

2–3 Eiswürfel, 2 Likörgläser Wodka und 1 Zitronenscheibe geben. Mit Tonic-Wasser auffüllen und 1 Cocktailkirsche servieren.

Silvesterpunsch (S. 100, 2)

In einen Punschkessel:

1 l Wasser mit der Schale und dem Saft von 2 Zitronen und Zucker nach Belieben aufkochen und 1 Flasche Rot- und 1 Flasche Weißwein zugießen. Den Punsch dann auf einem Rechaud erhitzen, aber nicht kochen lassen. Zum Schluß noch mit 1/4 Flasche Arrak verfeinern und in feuerfesten Gläsern servieren.

Julglögg (Weihnachtspunsch)

In einen Punschkessel:

1 1/2 l Rotwein, 1 Tasse Zucker und 2 Beutel Glühfix geben. Auf einem Rechaud zum Kochen bringen. Mit 10 Stück Würfelzucker die Schalen von 2 Orangen und 2 Zitronen abreiben. 1 Tasse Rosinen heiß überbrühen. Rosinen und Würfelzucker mit 2 Weingläsern Aquavit mischen. Glühfixbeutel aus dem Rotwein nehmen, den Aquavit mit Rosinen und Orangen- und Zitronenabgeriebenem zugeben. Kurz verrühren und zuletzt 1 Beutel gehobelte Mandeln aufstreuen. Heiß in Gläsern servieren.

Portwein-Punsch

In einem Topf:

1/2 Flasche Portwein und 1/2 Flasche Weißwein erhitzen, aber nicht kochen. 1/4 l heißes Wasser, 3–4 Likörgläser Rum und 3–4 Eßlöffel Zucker zugeben und in feuerfesten Gläsern servieren. Nach Belieben mit einer halbierten Zitronenscheibe garnieren.
Rezept ergibt 4 Gläser.

Rotwein-Punsch

In einem Topf:

den Saft von 2 Orangen, 2 Eßlöffel braunen Kandiszucker, 1 Stange Zimt und 2 Nelken zum Kochen bringen. Durch ein feines Sieb gießen, $1/4$ l Rotwein hinzufügen und bis kurz vor dem Kochen erhitzen. 4 Likörgläser Rum dazugeben und in 4 vorgewärmte Punschgläser füllen.

Kirsch-Punsch

In einen Topf:

2 l Rotwein, Schale von $1/2$ Zitrone, 12 Nelken, je 1 Stange Zimt und Vanille und 2 Eßlöffel Zucker geben. Langsam erhitzen und etwa 15 Minuten ziehen lassen – nicht kochen. In einen Punschkessel seihen und 1 Glas Kaiserkirschen mit Saft sowie $1/4$ l Kirschwasser hinzufügen.

Ingwer-Punsch

In einem Topf:

$1/4$ l Wasser, 4 kleingeschnittene Maraschinokirschen, 1 haselnußgroßes, feingeschabtes Stück Ingwer und etwas Maraschinosirup aufkochen. 1 Aufgußbeutel schwarzen Tee hineinhängen, 5 Minuten ziehen lassen. Herausnehmen. 2 Likörgläser Weinbrand zufügen. In ein feuerfestes Glas gießen. Mit 1 Teelöffel Honig süßen.

Eier-Bier-Punsch

In einer Schüssel:

3 Eiweiß zu steifem Schnee schlagen. 4 Eßlöffel Puderzucker zuletzt kurz unterschlagen. 3 Eigelb zufügen. 1 l helles Bier mit der abgeriebenen Schale von $1/2$ Zitrone erhitzen. Vor dem Kochen unter den Eischnee schlagen. In 4 Gläser füllen. Mit Muskat bestäuben.

Teepunsch mit Weißwein (A)

In eine Schüssel:

150 g Kandiszucker, 1/8 l Rum, abgeriebene Schale und Saft von 2 Orangen und 2 Zitronen geben. Zugedeckt ca. 3 Stunden ziehen lassen. 2 Flaschen erhitzten Weißwein und 1 l starken Tee heiß hinzufügen. Zusammen mit der Zuckerlösung in ein großes Punschgefäß füllen. Tip: 2–3 Glühfix-Beutel können in Weißwein mitziehen, Teepunsch wird dadurch aromatischer.

Bier-Punsch

In einem Topf:

1 l helles Bier und 2–3 Eßlöffel Zucker unter Rühren erhitzen. In feuerfeste Gläser füllen, mit Zitronenspiralen garnieren und sofort servieren. Rezept ergibt 4 Gläser.

Ananas-Punsch

In einem Topf:

Saft aus einer halben Dose Ananasspalten, 1/2 l Wasser, Saft von 2 Zitronen, 2 Eßlöffel Zucker und 4–6 Likörgläser Arrak oder Rum erhitzen. Die Ananasstücke in 4 feuerfeste Gläser verteilen, mit dem heißen Punsch auffüllen.

Feuerzangenbowle (B)

In ein feuerfestes Gefäß:

2 Flaschen Rotwein und Scheiben von 2 Orangen geben. Auf einem Rechaud erhitzen. Die Feuerzange auf das Gefäß legen, darauf Zuckerhut geben und diesen mit (insgesamt 1/2 l) 54 %igem Rum tränken. Den Zucker anzünden und löffelweise den übrigen Rum über den brennenden Zuckerhut geben, bis dieser völlig in den Wein getropft ist. Umrühren und in Gläser füllen.

A

B

A

B
1
2
3

Mitternachtspunsch

Zutaten (für 4 Personen):
1 Flasche Rotwein, 1 FUCHS Zimtstange, 2 FUCHS Nelken, Schale und Saft einer ungespritzten Zitrone, 100 ml Weinbrand, 100 ml Cherry Brandy, 1/2 l heißer, schwarzer Tee, 100 g Zucker.

Den Wein mit Zucker, Zimt, Nelken und der Zitronenschale bis kurz vor dem Sieden erhitzen.
Weinbrand, Likör und Zitronensaft hinzugeben, mit frisch gekochtem Tee auffüllen.

FUCHS

Weihnachts-Zaubereien

Anregungen, Tips und Rezepte für die schönste Zeit im Jahr.

Eier-Grog (A)

Für 4 Gläser:

4 Eigelb mit Handmixer oder Schneebesen schaumig schlagen. 2 gehäufte Eßlöffel Zucker nach und nach zugeben, rühren, bis sich der Zucker ganz gelöst hat. 4 randvolle Likörgläser erwärmten Rum darunterrühren. In vorgewärmte Tee- oder Punschgläser verteilen und Grog mit etwa $^1/_2$ l kochendem Wasser auffüllen.

Rotwein-Tee (B1)

Für ein Glas:

1 Aufgußbeutel Hagebuttentee mit $^1/_8$ l Wasser aufkochen. Zugedeckt 5 Minuten ziehen lassen. Herausnehmen. $^1/_8$ l Rotwein zugießen. Bis zum Siedepunkt erhitzen, aber nicht kochen lassen. 1 Zitronenscheibe mit 2 Nelken bestecken und hinzufügen. In ein vorgewärmtes feuerfestes Glas gießen und dann mit Würfelzucker und Zitronenscheiben servieren.

Teepunsch mit Rum (B2)

Für ein Glas:

2 Aufgußbeutel schwarzen Tee in $^1/_4$ l Wasser aufkochen. 5 Minuten ziehen lassen. Aufgußbeutel entfernen. 1 Eßlöffel braunen Kandiszucker, 2 Likörgläser Rum und Saft von $^1/_2$ Orange zufügen. Bis zum Siedepunkt erhitzen und in ein feuerfestes Glas gießen.

Eier-Tee (B3)

Für ein Glas:

1 Eigelb, 1 Eßlöffel süße Sahne und 1 Teelöffel Puderzucker schaumig rühren. 1 Tasse Tee, mit $^1/_2$ Zimtstange frisch aufgebrüht, durch ein Sieb dazugießen. 1 Likörglas Weinbrand zufügen. In ein feuerfestes, vorgewärmtes Glas füllen. Eine halbe Zimtstange ins Glas geben.

Whist

In ein feuerfestes Glas:

1 Löffelspitze Nestea, Saft von $^1/_2$ Zitrone, 1 Stück Zitronenschale und 1 Teelöffel Zucker geben. Mit heißem Rotwein auffüllen. Nach Geschmack eventuell zusätzlich mit etwas braunem Kandiszucker süßen.

Bier-Grog

In einem Topf:

$1^1/_4$ l helles Bier, 4 Eßlöffel Zucker und die Schale von $^1/_2$ Zitrone erhitzen. Kurz vor dem Kochen in Gläser füllen. In die Gläser zuvor Silberlöffel oder -gabeln stellen, um die Hitze abzuleiten. Falls Sie dunkles Bier bevorzugen, sollten Sie diesen Grog mit der doppelten Zitronenmenge bereiten, jedoch nur 2 Eßlöffel Zucker verwenden. Rezept ergibt 4 Gläser.

Französischer Punsch

In ein feuerfestes Glas:

3 Stücke Würfelzucker, $2^1/_2$ Likörgläser leicht erwärmten Rum und 1 Teelöffel Pernod geben. Den Zucker anzünden und mit heißem Wasser auffüllen.
Je nach Geschmack noch etwas nachsüßen.

Pharisäer

In eine vorgewärmte Kaffeetasse:

1 Löffelspitze Schokoladenpulver, 1 Teelöffel Zucker und 1 Likörglas Rum geben. Gut verrühren. Mit $^3/_4$ Tasse starkem, heißem Kaffee auffüllen. Einen großen Klecks steifgeschlagene Sahne draufgeben.
Tip: Sie können den Rum auch durch Whisky, Kirschwasser oder Weinbrand ersetzen.

Hot Buttered Coffee Grog

In ein feuerfestes Glas:

1 Teelöffel Butter, 1 Stück Zitronen- und 1 Stück Orangenschale, 2 Likörgläser weißen Rum und 1 Likörglas süße Sahne geben. Mit heißem Kaffee auffüllen, beliebig stark süßen.

Rum-Grog

In einem Topf:

den Saft von 2 Zitronen, 8 Teelöffel Puderzucker, 3 Likörgläser Rum, 1 Stück Zimtstange, mit 8 Nelken besteckte Scheiben von 1 Zitrone und 3/4 l Wasser erhitzen. Kurz vor dem Aufkochen in 4 Gläser füllen und mit den Zitronenscheiben servieren. Vor dem Eingießen des Grogs einen silbernen Löffel oder eine silberne Gabel in die Gläser stellen, um die Hitze abzuleiten.

American Grog

In ein vorgewärmtes feuerfestes Glas:

2–3 Likörgläser Bourbon Whisky und 2 Zitronenscheiben geben. Mit heißem Wasser auffüllen. Nach Geschmack süßen.

Tam O'Shanter

In ein feuerfestes, vorgewärmtes Glas:

3 Likörgläser Scotch Whisky, 1 Teelöffel Zitronensaft und 1 Teelöffel Zucker geben. 1 Beutel Glühfix mit knapp 1/4 l Wasser aufbrühen. Whisky mit der Flüssigkeit auffüllen.

United Service Punch

In ein feuerfestes Glas:

1 Löffelspitze Nestea, 1/2 Teelöffel Zucker, Saft von 1/2 Zitrone und 2 Likörgläser Arrak oder Rum geben. Mit heißem Malaga auffüllen.

Mandarinen-Punsch (A1)

In einem Punschkessel:

2 l Weißwein, 1 Vanillestange, 1 Stück Ingwer oder 1 gestrichenen Teelöffel Ingwerpulver und 200 g Zucker erhitzen und 15 Minuten ziehen lassen, aber nicht kochen. Auf einen Rechaud stellen und 1/4 l frisch gepreßten Mandarinensaft und den Saft von 2 Zitronen hinzufügen.
1/4 Flasche Rum (54 %) hineingießen und dieselbe Menge Rum nach und nach in einer Schöpfkelle erwärmen, anzünden, in den Punsch gießen und so lange schöpfen, bis die Flammen gelöscht sind.
Heiß in feuerfeste Gläser verteilen.

Rheinwein-Punsch (A2)

In einem Topf:

etwa 1/2 l Wasser, 250 g Kandiszucker, 6 Nelken, 1 Stange Zimt und die Schale von 1 Zitrone 5 Minuten kochen lassen. 1 1/2 l Rheinwein dazugießen und wieder erhitzen, aber nicht aufkochen. Gut 1/4 l Rum (54 %) dazugeben und im Punschkessel auf einem Rechaud servieren. Etwas Rum in einer Schöpfkelle anzünden, in den Punsch gießen und dann so lange schöpfen, bis die Flammen verlöscht sind. Zum Schluß den Saft von 1 Zitrone und 2 Orangen hinzufügen.
Punsch in 4 vorgewärmte Gläser gießen.

Dubonnet-Punsch (B)

In einen Punschkessel:

1 Flasche Weißwein, 1 Flasche Rotwein, 150 g Zucker und Scheiben von 2 Zitronen geben.
Bis zum Siedepunkt erhitzen, aber nicht kochen lassen. 1/2 Flasche Dubonnet zugießen.
Punsch in vorgewärmte Gläser geben.
Tip: Dubonnet ist ein französischer Aperitifwein von ausgeprägtem Charakter.

A
1
2
B

1
2
A
B
C
1
2

Honig-Punsch (A1)

In ein hohes, feuerfestes Glas:

1 Aufgußbeutel schwarzen Tee und 1 Beutel Pfefferminztee geben. Mit kochendem Wasser übergießen. 5 Minuten ziehen lassen. Herausnehmen. 2 Likörgläser Orangenlikör und Saft 1/2 Zitrone dazugießen. Mit Honig süßen.

Tee mit Sahnehaube (A2)

In ein hohes, feuerfestes Glas:

2 Aufgußbeutel schwarzen Tee geben, mit kochendem Wasser übergießen und 5 Minuten ziehen lassen. Beutel herausnehmen. Tee mit 1 Teelöffel Zucker süßen. 2 Likörgläser Wodka unterrühren. Mit Schlagsahne bedecken.

Hot-Swizzle (B)

In ein Glas:

den Saft von 1/2 Zitrone, 1 Teelöffel Zucker und 2 Likörgläser Rum geben. Mit heißem Wasser auffüllen. Gut umrühren.
Glasrand mit 1 Zitronenscheibe bestecken.

Ingwer-Kaffee (C1)

In eine Kaffeetasse:

1/2 in Würfel geschnittene Ingwerpflaume (in Sirup), 1 Eßlöffel Honig und 2 Likörgläser Rum geben. Im Wasserbad erwärmen. Mit frisch aufgebrühtem Mokka auffüllen.

Orangen-Kaffee-Punsch (C2)

In einem Topf:

3 gehäufte Eßlöffel braunen Kandiszucker, 1 Orangenscheibe, 6 Likörgläser Rum und 1/2 l Wasser erhitzen.
In 4 Tassen je 1 Teelöffel Pulverkaffee geben. Mit dem durchgeseihten heißen Wasser auffüllen. Umrühren. Mit gesüßter, steifgeschlagener Sahne und Orangenschalenspänen garnieren.

Frühling im Winter

In einen Bowlenkessel:

750 g Würfelzucker geben. Die abgeriebene Schale von 1 Orange und 1 Zitrone dazugeben. Darüber kochend 1 Flasche Rotwein, 2 Flaschen Weißwein, 1 1/2 l Tee, 1/2 l Rum und 1 Glas Kirschwasser gießen. 1 Stück Vanilleschote mitziehen lassen.

Tee Chaudeau

In ein feuerfestes Glas:

1 Teebeutel hängen. Glas zu 3/4 mit kochendem Wasser füllen. 1 Stück Zitronenschale zugeben und 2 Minuten mitziehen lassen. Beutel herausnehmen. Mit Orangensaft auffüllen. 1–2 Eßlöffel Rum zugeben, mit Honig süßen.

Tee, mit Slibowitz flambiert

In eine vorgewärmte Teetasse:

frisch aufgebrühten Tee gießen, 2–3 Stücke Würfelzucker auf einen Dessertlöffel legen, mit Slibowitz tränken und anzünden. Den geschmolzenen Zucker in den Tee tropfen lassen und zuletzt gut verrühren. Verbrennt der Zucker dabei nicht ganz, so gießt man etwas Slibowitz nach und zündet noch einmal an.

Hot Gin

In ein feuerfestes Glas:

Saft von 1 Zitrone, 2 Stücke Würfelzucker und 1 Likörglas Gin geben. Umrühren. Mit heißem Wasser auffüllen. Mit Muskat bestäuben.

Alhambra Royal

Ein feuerfestes Glas:

mit heißem Kakao füllen. 1 Likörglas Weinbrand und eine Zitronenscheibe zugeben.

Hot-Rum-Sling

In ein feuerfestes Glas:

2 Stücke Würfelzucker, 1 Spritzer Angostura Bitter, Saft von $1/2$ Zitrone und $2\,1/2$ Likörgläser Rum geben. Mit kochendem Wasser auffüllen. Glas mit einer Zitronenspalte garnieren.

Hot Benefactor

In einem feuerfesten Glas:

2 Stücke Würfelzucker, $1\,1/2$ Likörgläser Rum und 1 Likörglas Rotwein erhitzen. Mit heißem Wasser auffüllen, 1 Zitronenscheibe auflegen und mit Muskat bestäuben.

Hot-Rum-Cow

In ein feuerfestes Glas:

1 Teelöffel Zucker, 1 Spritzer Angostura und 2 Likörgläser Rum geben. Verrühren. Mit heißer Milch auffüllen.
So heiß wie möglich genießen.

Café d'Ampezzo

In ein feuerfestes Glas:

2 Likörgläser Rum, 1 Eigelb und 2 Teelöffel Zucker geben. Gut verrühren. Mit 1 Tasse heißem, starkem Kaffee auffüllen.
Eventuell Sahne dazu reichen.

Whisky-Punsch

In ein feuerfestes Glas:

$1\,1/2$ Likörgläser Whisky, $1/2$ Teelöffel Zitronensaft und 1 Teelöffel Zucker geben. Mit heißem Wasser auffüllen. 1 Zitronenscheibe hineingeben. Umrühren. Getränk mit etwas geriebener Muskatnuß bestäuben.

Kosakenblut (A)

In einem Topf:

3/8 l Wasser, 2 Eßlöffel Zucker und 1 aufgeschlitzte Vanillestange zum Kochen bringen. 4 gehäufte Teelöffel Pulverkaffee hineingeben und darin auflösen. 3/8 l Rotwein dazugeben und das Getränk erhitzen, aber nicht kochen. Punschgläser oder -becher mit heißem Wasser ausspülen und je 1 Gläschen Wodka hineingeben. Den Kosakenkaffee (Vanillestange entfernen) in die Gläser gießen.

An jeden Glasrand einen Zitronenschnitz oder eine Orangenscheibe stecken.

Irish Coffee (B)

In 4 Irish-Coffee-Gläser:

je 2 1/2 Likörgläser Whisky und 1 Teelöffel Zucker geben. Umrühren. Jedes Glas bis zu 3/4 mit starkem heißen Kaffee (insgesamt 3/4 l) füllen. 1 Tasse süße Sahne schaumig schlagen. Sahne, über einen Teelöffel gegossen, auf die Gläser verteilen.

Schwarzwälder Kaffee

Eine Kaffeetasse:

zu 3/4 mit frisch gebrühtem Kaffee füllen, 1 Likörglas Kirschwasser hineingießen und beliebig süßen. Der Kaffee kann auch an Stelle von Kirschwasser mit Himbeergeist oder Weinbrand zubereitet werden.

Café Brûlot

Den Rand eines feuerfesten Glases:

mit etwas Zitrone abreiben und in Zucker tauchen. Auf 7/8 heißen Kaffee 1/8 erwärmten Cognac mit einem Löffel vorsichtig daraufgießen. Sofort anzünden. Nach Belieben süßen.

A

B

1
2
3
4
5
6
7

Fruchtmilch mit „Schuß" (1)

In ein hohes Glas:

$1/3$ Fruchtsaft, $1/3$ Milch, $1/3$ Mineralwasser und 1 Likörglas Weinbrand geben.
Umrühren und mit Früchten garnieren.

Birnen-Schokolade-Mix (2)

Im Mixer:

1 saftige, geschälte und entkernte Birne, 1 Eßlöffel geschälte Mandeln und 1 Eßlöffel Honig pürieren, zuletzt 1 Glas Milch unterschlagen. In ein Glas füllen. Mit Schokoladeeis servieren. Mit Mandarinenspalten und Schokoladestreuseln garnieren.

Früchte-Cola-Milch (3)

Im Mixer:

$1/2$ geschälten, entkernten Apfel, $1/2$ Banane und 1 Eßlöffel Honig pürieren. Mit $1/2$ Glas Milch auffüllen. In ein hohes Glas geben und mit Coca-Cola auffüllen.

Bananen-Cola (4)

In einem Mixer:

1 Banane mit 2 Teelöffel Zucker und 3 Eßlöffel Kondensmilch pürieren. In ein hohes Glas geben. Mit Coca-Cola und 1 Likörglas Rum auffüllen.

Ananasmilch (5)

Im Mixer:

2 Likörgläser Ananassaft, 1 Likörglas Rum, $1/2$ Scheibe Ananas und 1 knappes Glas Milch verquirlen. In ein Glas gießen.

Aprikosen-Mix (S. 118, 6)

Im Mixer:

2 saftige, geschälte, entsteinte Aprikosen, 1 Eßlöffel Quark, 2 Teelöffel Zucker und 1 Glas Milch verquirlen. In ein hohes Glas geben. Mit 1/2 Likörglas Weinbrand verrühren.

Ei-Karamelmilch (S. 118, 7)

Für ein Glas:

1 Eßlöffel Zucker zu Karamel schmelzen, mit 3 Eßlöffel Wasser durchkochen und kalt werden lassen. 1 Eigelb, den Karamel und 1 Glas Milch gut schaumig schlagen, in ein Glas gießen.
Mit Kirschen-Mandarinenspießchen servieren.

Erdbeermilch

Im Mixer:

2 Eßlöffel Erdbeeren mit 1 Stückchen Orangenschale und 2 Eßlöffel Honig pürieren. Mit Milch auffüllen. In ein Glas geben. Hübsch garnieren.

Honigmilch

Im Mixer:

1/2 l Milch, 2 Eßlöffel Honig und 3 gehäufte Teelöffel Nesquik (Vanillegeschmack) gut vermischen. In Gläser füllen. Jedes Glas mit einem Klecks Schlagsahne garnieren.
Rezept ergibt 2 Gläser.

Erdbeerküßchen

Im Mixer:

1/4 l Milch, 4 Eßlöffel frische Erdbeeren, 4 Eßlöffel Zucker und 1 Eßlöffel Käsecreme gut vermischen. In ein Glas füllen. Mit halbierten Erdbeeren garniert servieren.

Coupe „Schwarzwaldmilch“

In ein hohes Glas:

eiskalte Milch, verrührt mit 1 Likörglas Kirschwasser, halbvoll einfüllen. Mit geschlagener Sahne, die man mit 2 Teelöffel Schokoladenpulver und einer Löffelspitze Schnellkaffee verrührt hat, vollspritzen. Mit einer Waffel verziert servieren.

Kirschenmilch

Im Mixer:

250 g entsteinte Kirschen zerkleinern. Mit 1/2 l Milch, 140 g Zucker, 1–2 Likörgläsern Rum und 1 Eßlöffel Zitronensaft vermischen. Mit je 1–2 Eiswürfeln in Gläser verteilen.
Tip: Das Getränk sieht besonders appetitlich aus, wenn Sie ganz dunkle Kirschen verwenden.

Orangenjoghurt

In ein Glas:

1 Becher Joghurt natur, 3 Eßlöffel Sanddorn-Sirup, 3 Eßlöffel Kondensmilch und Saft von 1/2 Orange geben. Verrühren. Mit Orangenscheiben garniert servieren.

Heidelbeerjoghurt

Im Mixer:

ein Paket (125 g) tiefgekühlte Heidelbeeren pürieren. 1 geschälte Banane und 1 Eßlöffel Zucker zufügen. 4 Becher Joghurt langsam dazugießen. Alles gut verrühren. In Gläser füllen und gut gekühlt servieren.
Rezept ergibt 5 Gläser.

Übrigens: Fettverächter können sich ihren Milchmix auch mit Trockenmagermilch Instant zubereiten. Wer Zucker sparen möchte, nimmt statt dessen einfach Süßstoff.

Schottischer Eiskaffee (A)

Für 4 Gläser:

6 Teelöffel Pulverkaffee mit ca. 1/4 l kochendheißem Wasser übergießen. 12 Eiswürfel hineingeben, schmelzen lassen, 1/8 l Milch hinzufügen. Je 1 Likörglas Whisky und 1 Teelöffel braunen Zucker in die Gläser geben, dazu den Kaffee. Je 1 Kugel Vanilleeis hineingeben, mit Schlagsahne und Pulverkaffee garnieren.

Eiskaffee (B)

In ein hohes Glas:

2 Kugeln Vanille- oder Schokoladeneis geben. Mit gut 1/8 l eisgekühltem Kaffee (aus Pulverkaffee bereitet) auffüllen. Jedes Glas mit gesüßter Schlagsahne garnieren.
Dazu Strohhalm und Löffel reichen.

Eiskaffee „Helga"

Ein hohes Glas:

halbvoll mit kaltem, starkem Kaffee füllen, bis knapp unter den Rand des Glases mit gezuckerter Schlagsahne vollspritzen. Eine Kugel Mokka- oder Vanilleeis daraufsetzen und mit 1 Eßlöffel Eierlikör übergießen. Mit Eiswaffeln und Mokkabohnen garniert servieren.

Capuccino

Eine Tasse:

zur Hälfte mit starkem, heißem Kaffee füllen. Dieselbe Menge Milch zum Kochen bringen und mit einem Schneebesen schaumig schlagen.
Die geschlagene Milch auf den Kaffee gießen.
Einen Tupfer Schlagsahne draufsetzen. Sahne mit etwas geriebener Schokolade oder mit Borkenschokolade bestreuen.

Ein cooles Vergnugen:

Eiskaffee

Zutaten für 4 Gläser: 800 ml kalter Kaffee, 4 Eßl. Kirschwasser, 2 Eßl. Zucker, 100 g Schlagsahne, 1 Vanillin-Zucker, 8 Kugeln (à 50 g) Vanille-Eiscreme, 2 Eßl. Schokoraspel, 8 Kirschen, Waffeln.

Zubereitung: Kaffee mit Kirschwasser und Zukker abschmecken. Sahne steif schlagen, Vanillin-

Sahne in einen Spritzbeutel mit Sterntülle füllen. Je 2 Kugeln Eis in ein hohes Glas geben und mit gut gekühltem Kaffee auffüllen. Eine dicke Sahnehaube darauf spritzen und mit Schokoraspeln bestreuen. Vorm Servieren mit Kirschen verzieren. Waffeln dazureichen. **Zubereitungszeit: ca. 10 Minuten. Pro Glas**

A
B

Milchmixgetränke...

... sind von morgens bis abends eine willkommene Erfrischung. Auch als kleine Zwischenmahlzeit, zum zweiten Frühstück und als Dessert sind sie sehr bliebt. Wenn sie allerdings Alkohol enthalten, dürfen Kinder auf keinen Fall davon naschen.

Sahne-Mix (A)

Im Mixer:

2 Likörgläser süße Sahne, 1 Eigelb, 1 gehäufter Teelöffel Puderzucker, 2 Likörgläser Likör (Aprikose oder Curaçao) oder Gin, Whisky oder Weinbrand und gut 1/8 l eiskalte Milch verquirlen. In ein Becherglas seihen. Mit Muskat bestäuben.

Kaffee-Mix (B1)

Im Mixer:

2 Eigelb, 2 gehäufte Teelöffel Zucker, 1 gehäuften Teelöffel Pulverkaffee und 1/4 l Milch verquirlen. 2–3 Likörgläser Kosakenkaffee dazugeben. In 2 Gläser füllen. Glasrand mit 1 Kirsche bestecken.

Mokka-Mix (B2)

Im Mixer:

1 Teelöffel Kakao, 1 Teelöffel Pulverkaffee, 2 gestrichene Eßlöffel Traubenzucker, 1 Schuß Cognac, 3/8 l Milch und 3/8 l süße Sahne verquirlen. In Gläser füllen und eisgekühlt mit einer Sahnehaube servieren.

Café Glacé Superbe

In einem Topf:

2 Tassen Kaffee, 30 g Zucker und 2 Eigelb unter ständigem Rühren erwärmen. Durch ein Sieb gießen und erkalten lassen. Mit einer Kugel Eis und Sahne verziert im Sektkelch servieren.

Hafer-Mix

In ein hohes Glas:

1/4 l Milch, 1 gehäuften Teelöffel Zucker, 2 gehäufte Teelöffel Hafermark und 1 Teelöffel Schokoladenpulver geben. Gut verquirlen. Mit 1 Maraschinokirsche garniert servieren.

Rum-Pfirsich-Mix

Im Mixer:

1 saftigen, abgezogenen und entkernten Pfirsich, Saft von 1/4 Zitrone, 1 Eßlöffel Traubenzucker, 1 Glas Milch und 1 Likörglas Rum miteinander verquirlen. Getränk in einem hohen Glas gut gekühlt – mit Strohhalm – servieren.

Milch-Soda

Acht Gläser:

zur Hälfte mit Milch (ca. 1 l) füllen. 1 Paket Früchte-Eiscreme in 8 Scheiben schneiden. In die Gläser verteilen. Mit Früchten aus 1 kleinen Dose Fruchtcocktail garnieren. Mit gut gekühlter Zitronenlimonade auffüllen.

Ice-Cream-Soda

In ein hohes, gekühltes Glas:

2 Kugeln Vanilleeis, 1 Eßlöffel Schokoladen-Sirup und 1 Eßlöffel Weinbrand geben. Mit süßem Mineralwasser auffüllen.

Heidelbeer-Ice-Cream-Soda

In ein hohes Glas:

3 Kugeln Heidelbeer-Vanille-Eiscreme, 1 Likörglas Apricot und Saft von 1/4 Zitrone geben. Mit süßem Mineralwasser auffüllen. Glas mit frischen Pfefferminzblättchen garnieren.

Eiscreme-Soda mit Zitrone

In ein Glas:

2 Kugeln Zitronen- oder Orangen-Eiscreme geben. 2 Eiswürfel mit 2 Likörgläsern Limonadenextrakt und nach Wunsch 1 Likörglas Weinbrand verrühren, auf das Eis geben. Glas mit Mineralwasser füllen. Mit Zitronenscheiben garnieren.

Sojamalt-Drink

In ein hohes Glas:

1/4 l kalte Milch, 2 gehäufte Teelöffel Sojamalt und 1/2 Teelöffel Vanillinzucker geben. Gut verrühren. 1 Likörglas Weinbrand daruntermischen und nach Wunsch mit geschlagener Sahne oder einer Kugel Vanille-Eiscreme verfeinern.

Orangen-Ice-Drink

Im Mixer:

1/4 l Milch, 1 Päckchen Sahnesteif, 1 Eigelb, Saft von 2 Orangen und 2 Eßlöffel Zucker gut vermischen. In 2 Gläser verteilen und je 2 Kugeln Nuß-Vanille-Eiscreme beifügen.

Erdbeershake

Im Mixer:

200 g Erdbeeren pürieren, 1/4 l Joghurt, 1/4 l Buttermilch, 4 gestrichene Eßlöffel Traubenzucker und 1 Eßlöffel Zitronensaft dazugeben. Alles gut miteinander verquirlen. In ein Glas gießen und mit Eisstückchen servieren.

Schokosprudel

Im Mixer:

1/4 l Milch, 1 Eigelb und 4 Teelöffel Schokoladenpulver vermischen. In 2 hohe Gläser gießen. Kalt stellen. Kurz vor dem Servieren unter Umrühren mit eisgekühltem Sprudel auffüllen.

Orange-Ei-Mix

Im Mixer:

Saft von 1 Orange, 1 Glas Milch und 1 Eßlöffel Traubenzucker vermischen. In ein Glas geben.

Nußmilch (A1)

Im Mixer:

3 Eßlöffel Haselnüsse, 1 Päckchen Vanillinzucker und 2 Eßlöffel Zucker zerkleinern. 1/2 l Milch zugeben und kurz durchschlagen. Nach Belieben eine Banane zufügen. In 2 Bechergläser füllen. Mit gehackten Haselnüssen bestreuen.

Karamelmilch (B1)

Für 3 Gläser:

2 gehäufte Eßlöffel Zucker und 1 Eßlöffel Wasser zu goldbraunem Karamel kochen. 1/2 Tasse Wasser dazugießen und den Karamel damit auflösen. 1 gehäuften Eßlöffel Zucker hineinstreuen, abkühlen lassen und knapp 3/4 l Milch darin verrühren. Dann in Gläser gießen und je 1 Kugel Erdbeer-Eiscreme hineingeben.

Maraschinomilch (B2)

In einem Krug:

3/4 l Milch, 3 Likörgläser Maraschino oder Kirschlikör und 1 gehäuften Eßlöffel Zucker gut verrühren. In 4 hohe Bechergläser füllen. Je 1 Kugel Vanilleeis hineingeben.

Sanddorn-Joghurt (B3)

In einen Krug:

3 Becher Magermilch-Joghurt, 1/4 l Milch und 4–6 Eßlöffel gesüßten Sanddorn geben. Mit dem Schneebesen gut verschlagen. Eventuell 1–2 Teelöffel Weizenkeime hineingeben. In Gläser füllen.

Übrigens: Milchmixgetränke ohne Früchte schmecken noch besser, wenn Sie einen kleinen Schuß Weinbrand, Orangen-, Eier- oder Haselnußlikör zugeben.

1
2
A
1
2
3
B

Mandelmilch mit Schokolade (1)

Im Mixer:

2 Eßlöffel geschälte Mandeln zerkleinern, mit 4 Gläser Milch auffüllen und 1 Päckchen Vanillinzucker süßen. Milch in Gläser füllen und mit folgender Schokoladencreme bedecken: 2 Eigelb mit zwei Teelöffel Zucker, 2 Teelöffel Kakao, etwas Zimt und wenig Rum verrühren.

Jamaika-Tee-Milch (2)

In einem Krug:

2 Teelöffelspitzen Nestea (Pulver-Tee) oder 1/2 Tasse starken schwarzen Tee, 2 Gläser Milch, 1 Eßlöffel Zucker und 2 Likörgläser Rum miteinander vermischen.
In 2 Gläser füllen und mit einer aufgespießten Maraschinokirsche garnieren.

Vanillemilch (S. 129, A2)

Im Mixer:

2 Eigelb, 2 Päckchen Vanillinzucker, 1 Eßlöffel Zucker und 1/2 l Milch gut durchschlagen.
2 Eiweiß zu steifem Schnee schlagen, einen Eßlöffel Zucker zuletzt untermischen, die Hälfte des Eischnees unter die Vanillemilch geben. Milch in 2 hohe Bechergläser gießen.
Restlichen Eischnee auf die Milch verteilen.

Nuß-Drink

Im Mixer:

1 geschälte Banane, 1 Eigelb, 2 gehäufte Teelöffel Zucker, 50 g Haselnüsse und 2 Gläser Milch gut vermischen. In 2 Gläser füllen. Mit geriebener Muskatnuß bestäuben.

Ice-Cream-Frappé

Im Mixer:

3/8 l Milch, 2 Eßlöffel Honig, 2 Likörgläser Rum und 2 Kugeln Vanille-Eiscreme gut vermischen.
In 2 Gläser gießen. 1/8 l süße Sahne mit 1 Päckchen Vanillinzucker steifschlagen. Gläser damit garnieren. 4 gehäufte Teelöffel Schokoladenpulver und 4 Teelöffel Wasser unter Rühren einmal aufkochen und dann erkalten lassen. Ice-Cream-Frappé mit Schokoladensirup beträufeln.

Mandel-Schoko-Frappé

Im Mixer:

3/8 l Milch, 1 Päckchen Sahnesteif, 2 Kugeln Vanille-Eiscreme und 4 gehäufte Teelöffel Schokoladenpulver gut durchschlagen. Zuletzt 1/2 Beutel gehobelte Mandeln zufügen. Getränk in 2 Gläser füllen. Mit gerösteten, gehobelten Mandeln bestreuen, mit etwas Rum oder Kirschwasser beträufeln. Mit Orangenscheiben und Maraschinokirschen garnieren.

Pinguin

In einer Schüssel:

200 g Schokoladenpulver mit etwas kaltem Wasser verrühren. Mit 1/2 l heißer Milch auffüllen. Mit etwas Salz und Vanillinzucker würzen. In 4 hohe Gläser je 1 Portion Vanilleeis geben, mit der Milch übergießen, 1 großen Klecks Schlagsahne daraufgeben und reichlich mit Früchten garnieren.

Heidelbeergavotte

Im Mixer:

1/4 l Milch, 3 Eßlöffel Käsecreme, 4 Eßlöffel Zucker und 4 Eßlöffel Heidelbeeren gut miteinander vermischen. In ein Glas füllen. Bevor man die „Heidelbeergavotte“ in das Glas füllt, tunkt man den Glasrand in Heidelbeersaft und danach in Zucker.

Schoko-Birne

Im Mixer:

1 saftige, geschälte und entkernte Birne, 2 Teelöffel Schokoladenpulver, 1 Eßlöffel geschälte Mandeln und 1 Spritzer Rum gut vermischen. Masse in ein Glas geben und mit Milch auffüllen.

Baby-Cocktail

In einen Shaker:

1 1/2 Likörgläser süße Sahne, 1 1/2 Likörgläser Ananassaft und Eiswürfel geben. In ein Glas seihen. Glasrand mit einem Ananasstückchen als Garnierung bestecken.

Eiscreme-Soda (S. 135, 6)

In ein hohes Glas:

gut 1/8 l Milch und 2 Likörgläser Cherry Brandy geben. Gut verrühren. 1 Kugel Erdbeer- oder Himbeereis hineingeben.
Mit 1/2 ungeschälten Orangenscheibe und einem frischen Pfefferminzblättchen garnieren. Zuletzt mit Mineralwasser auffüllen.

Sangrita (S. 136, 5)

Ein kleines Glas:

mit dem mexikanischen Getränk füllen. Mit 1 Eiswürfel gut gekühlt servieren.

Cola-Cocktail (S. 136, 6)

In einen Krug:

1 große Flasche Coca-Cola, 1/2 Tasse Tomatensaft, den Saft von 1 Zitrone und einige Tropfen Worcestersoße geben. In Gläser füllen. Eiskalt servieren. Eventuell noch in jedes Glas je einen Eiswürfel geben.

Cuba-Milch (S. 136, 7)

Im Mixer:

3 Bananen mit 3 Eßlöffel Zitronensaft und 60 g Zucker pürieren. 3/4 l Milch dazugeben. In Gläser füllen. Eisgekühlt servieren.

Übrigens: Auf Zucker können Sie beim Mixen verzichten und zum Süßen Traubenzucker oder Honig nehmen. Auch Marmelade oder Himbeersirup eignen sich dafür.

Wodka-Kaffee-Milch (1)

In ein hohes Glas:

$^1/_2$ Teelöffel Pulverkaffee, 1 Teelöffel Traubenzucker, 1 Löffelspitze Zimt, etwas Vanillinzucker, knapp $^1/_4$ l Milch und 2 Likörgläser Wodka geben. Gut umrühren.
Mit etwas Zitronenschale garnieren

Orangenmilch (2)

In ein Becherglas:

$^1/_2$ Glas Milch, $^1/_2$ Glas Orangensaft, $^1/_2$ Likörglas Halbbitter und Zucker nach Geschmack geben. Umrühren und eiskalt servieren. Glas mit ungeschälten Orangenscheiben und 1 Cocktailkirsche garnieren.

Himbeermilch (3)

Im Mixer:

2 Eßlöffel saubere Himbeeren, $^1/_2$ Teelöffel Traubenzucker, 2 Likörgläser schwarzen Johannisbeerlikör, 1 Glas eisgekühlte Milch verquirlen. In ein Glas gießen. Eiskalt servieren.

Pfirsichmilch (4)

Im Mixer:

$^1/_2$ geschälten, reifen Pfirsich, Saft von $^1/_4$ Zitrone, 1 Teelöffel Traubenzucker, 2 Likörgläser Rum und 1 Glas Milch verquirlen. In ein Glas gießen. Mit einem Zitronenschnitz garnieren.

Aprikosenmilch (5)

Im Mixer:

1 Likörglas Aprikosenlikör, 2 Teelöffel Honig, einige frische, entsteinte Aprikosen und 1 Glas eisgekühlte Milch verquirlen. In ein Glas gießen. Mit Strohhalm servieren.

„Eiscreme-Soda", 6. Rezept S. 133

2
3
4
5
6

1
2
3
4
5
6
7

Eis-Twist (1)

In ein Bowlengefäß:

2 Tassen starken Tee, 3 Tassen Orangensaft, 1 Tasse Zitronensaft, 1 Tasse Ananassaft und 1 Tasse kleingeschnittene Ananasstreifen geben. Einige Eisstücke und etwas eisgekühltes Mineralwasser dazugeben.

Trauben-Milch-Mix (2)

In einem Mixglas:

$^3/_4$ l Milch, $^1/_4$ l Traubensaft und 30 g Zucker oder Traubenzucker gut verrühren.
Ist der Zucker gelöst, in Gläser gießen.

Orangen-Cola (3)

In einen Krug:

Saft von 3 Orangen, einige Eiswürfel und 1 große Flasche Coca-Cola geben. Umrühren.
Mit Zitronen- und Orangenscheiben garnieren.

Mokkamilch (4)

Im Mixer:

4 Kugeln Schokoladeneiscreme, 3 gehäufte Teelöffel Pulverkaffee, 1 gehäufter Eßlöffel Zucker und $^3/_4$ l Milch verquirlen. In 4 hohe Bechergläser füllen.
Mit Strohhalm servieren.

Mock Daisy

Ein Bowlengefäß:

zur Hälfte mit zerkleinertem Eis füllen, darauf 1 kleine Flasche Himbeersirup, den Saft von 4 Zitronen gießen und dazu mit 2 Flaschen Mineralwasser auffüllen.
Gläser mit Zitronenschnitzen und 1 Maraschinokirsche garnieren.

„Sangrita", 5, „Cola-Cocktail", 6, „Cuba-Milch", 7, Rezepte S. 133

Alphabetisches Inhaltsverzeichnis